気のせいだから

あなたの強制全捨離
引き受けます

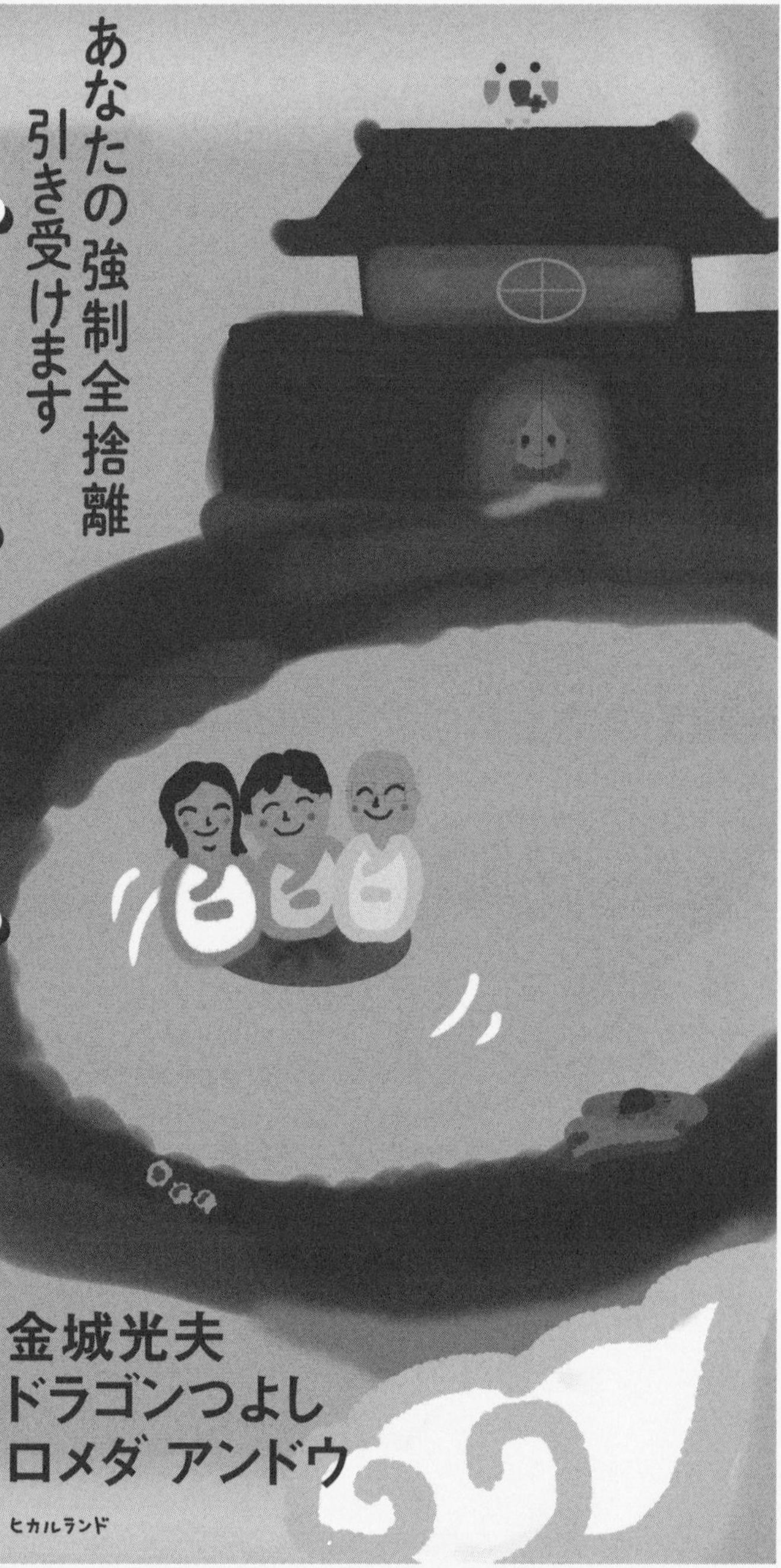

金城光夫
ドラゴンつよし
ロメダ アンドウ

ヒカルランド

金城光夫とは何者か？

1967年5月17日／沖縄県・那覇市に難産の末、奇跡的に生を受ける。
霊力の高い両親と生活し、日常的にパラレルワールド〜臨死体験に遭遇するも、
生来の天然さにより（とくに）違和感をもつことなく成長。
母の死後、父に末期ガンが発覚。
その介護中に出会った恩師「たんぽぽおじさん」により、自らの使命を知って開眼。
「たんぽぽおじさん」に師事し、畑仕事を手伝いながら5次元を学ぶ。やがて、
「たんぽぽおじさん」のすすめによって『わたしは王』『目の真力』を執筆。
数年前に自分で作った「アカシックレコードの乗り換え」というメソッドを自分で実践し、
乗り換えに成功。今は“最高のバージョンの自分”に向かうパラレルワールドにて、
ヒカルランドと繋がっては精霊や天使など「見えない存在」と交流するなど、
変化もおとずれている。
「地球に来た意味」「もっと楽しむ在りかた」を探求しつつ、
日々の暮らしを満喫しながら
「琉球を世界に広める」使命のため、各方面で活動中。

なお、デビュー作となった『わたしは王』は、Amazonおよび書店の「スピリチュアル部門」において上位ランクイン。
発売半年あまりで異例の5刷（重版）を記録し、
いまなお部数を更新中。

オフィシャルサイト
QRコード

ドラゴンつよしとは何者か？

1967年4月29日　愛知県出身。
半年間治らなかった怪我が一発で治ったことをキッカケに
身体の調整法や操作法に興味を持つ。

路上詩人「てんつくマン」と出逢ったことにより、

“好きな場所で好きなことを仕事にして、生きる!”と決意して沖縄へ。

自らも路上アーティストとして活躍をはじめる。

やがて龍とメッセージを描く「ドラゴンアート」が話題となり、全国各地を巡る生活に。

クライアントからは「家相が良くなった」「運気が変わった」

「あのメッセージで今日までがんばれた」など、不思議な感想が相次ぐようになる。

また、さまざまな身体調整法を学んでは、あらゆる症状別に施術をも行なっている。
「幸せ感覚を味わう個人セッション」はセラピスト・ダンサー・医師など
身体のプロからもリピートが絶えず、
「心身がとけた」「宇宙にいってしまった」「前世まで癒された」など不思議体験のほか
「肌が変わった」「バストアップした」「呼吸が深くなった」など顕著な反応も。
さらに「開運効果があった」という報告も多数あがっている。

ロメダアンドウとは何者か？

1967年10月17日京都府出身。

京都府長岡京市で安藤庵という名前の小さな治療院をやってます。

安藤庵という名前は、画家のKads MIIDAさんにつけてもらいました。これからは外国人も来るんやから、発音しやすい名前がいい!安藤庵にしとけ!で決まりました。

ロゴはバランスを示す弥次郎兵衛《やじろべえ》が、サムズアップ、オッケーの上に乗ってるバランスOKを表しています。バランスが悪いからバランスに注目してるんやろ?と友達には言われています。その通りだと思います。

28歳までサラリーマンをしていました。その後、脱サラして現在に至ります。

アンドロメダとか言うたばかりに、妙（失礼）な人がたくさん来ました。

エネルギーとか言うてたら、そういう人がたくさん来ました。

2020年はそこから飛び出して、世界中で講座をやる予定です～。

とりあえず4月はアメリカのロスでストリートのフリートークやります。

やりたいことだらけで人生が足りません。

ガハハハハ～


本出してます。『THEメンタル五臓』という題名です。東洋医学の五行を使った人間関係論やセルフケアに使える内容です。２万部売れたら書店に並びます。店頭に並んでいるところは是非見たいです。でも今はAmazonでしか買えません。

ガハハハハ～

気のせいだから　目次

Part 1

不思議／当たり前の世界

Part 2

鍼《はり》を刺さない鍼灸《しんきゅう》治療師？

Part 3

「においで走れ！」命令したらガス欠の車も走る!?

Part 4

一念があったら時空さえも超える!?

Part 8

俺の世界では病気はないんです！

Part 9

老眼と近眼と気の秘密

Part 10

体のゆがみと心の超秘密

本作品は２０１９年６月、
東京ヒカルランドにて収録されたものを
まとめたものです。

カバーデザイン　坂川栄治＋鳴田小夜子（坂川事務所）
カバー＆本文イラスト　宝んぼまるみ
編集協力　宮田速記
校正　鷗来堂

Part 1

不思議／当たり前の世界

金城光夫、ドラゴンつよしとこうして出会う！

金城　ドラゴンさんとは、15年前に沖縄に来たばっかりのときに知り合ったんです。

当時は自転車で走り回っていて、那覇の国際通りという繁華街で路上詩人をやりながら生活していると聞いて、大丈夫なのかな、そんなので生活できるのかなと思って、すごい人がいるなというのが最初の感じだったんです。

今は全国を飛び回っていて、自分事ではないけど、うれしいなと思ってい

る。

ロメダさんは、2年ぐらい前にドラゴンさんから紹介されて、とてもおもしろくて、飲みに行ってという仲です。

まずはドラゴンさんが沖縄に移住したきっかけを、去年か一昨年《おととし》、初めて聞いたんですが、おもしろいなと思ったので、最初にそれを話してもらえますか。

ドラゴン　やりたいことがあって東京に行ったんですけど、それが一区切りついたので、「次は何をしようかな？」みたいな感じでいたときに、てんつくマン（軌保博光《のりやすひろみつ》）という男と知り合いまして、当時、彼は渋谷駅の構内で路上詩人というのをやっていたんです。

それで、僕が言うのもなんですけど、怪しい兄ちゃんだな、段ボールの看板に「あなたの目を見てインスピレーションで詩を書きます」とか書いてあるし……。

結構ひねくれていたものですから、目を見るだけで人のことがわかるのかよと思っていたんですが、どうにも気になるから、ある日、やってみようと思って、彼の目を見て、ちょっといじわるを仕掛けたんです。

何も考えなかったらどうなるかな？　と思ったら、首をひねった後に「何を伝える？」と書かれたので、「バレた！」と思って、逆にそれで、なんかおもしろいなと思ったんですね。

金城　「何を伝える」というのは、クエスチョン？

ドラゴン　そうそう、首をかしげた後に、そのまま文字を書いたの。「あっ、バレた」と思って、それから仲よくなった。

僕は下北沢周辺に住んでいたんですけど、たまたまてんつくマンも、週に1回、下北沢の知り合いのお店で店長をやっていて、そこで盛り上げ役みたいなことをやっているというので、遊びに行くようになったのです。

あるとき、「そろそろ800万円の借金を返す目途がついたので、自転車で1年間かけて日本一周して6000万円つくるんや」と。彼は映画をつくるという目的があったんですね。「でも、自転車で遠出をしたことがないから、練習で沖縄一周するねん。今、一緒に行く仲間を探しとるねん」と言うので、じゃ、俺も行こうかなと思って乗っかったんです。

12～13人集まったかな。自転車で回りながらのイベントで、お客さんを見てメッセージを書いたり、講演会みたいなのもやったりして、「人は好きなことをやっているときに一番チカラが出るんやで」ということを伝えてたんです。

そういう話はよく聞くけど、本当かよ？　そんなので生活できるのか？みたいに思っていたんですけど、本当にそうやって生きている人と寝食を共にすると、だいぶ汚染されちゃうんですね（笑）。

朝メシでなくスイカ！俺が今、本当に食べたいものとは？

ドラゴン　ある日、みんなで地元のスーパーに朝飯を買いに行ったときに、フッとよぎったことがあったんです。

彼は、好きなことをやったら一番いい！　というのと同時に、常識にとらわれるなということも言っていたので、待てよ、みんなは普通に弁当を買っているけど、「俺は今、本当に弁当が食いたいのだろうか？」と自分に問いかけたら、「俺は今はスイカを食いたい」と思ったんですね。それで、他人がどうこうじゃなくて、俺はスイカを食べようと思って、自分だけスイカのパックを2つぐらい買ってきて、スイカばかり食ってたんです。

そしたら、てんつくマンが寄ってきて、「アホやで〜こんな朝からスイカばっかり食っとるやつ見たことないわ！」と言うから、「あんたが好きなことやれ！　言うたやんか！」と食いついたら、「そうやってスイカばっかり食っとったらな、スイカで食っていかれるんやで」と言うから、「ん？」と思ったけど、もしかしたらスイカオタクになれば、スイカを見ただけで、どこのスイカだとか、おいしいとかおいしくないとかわかるようになって、そのうちスイカの本を書いたり、スイカのことで取材が来たり、そういうこと

もあるという意味かな？　と思ったんですね。

仕事の歴史的起源とは、メッチャハマることから

ドラゴン　ところがその後の言葉が、僕の人生を変えちゃったんです。「仕事ってな、そうやって始まったと思うねん」と言ったんですね。でも、全然意味がわからなくて、「何、それ？」と言ったら、「竪穴《たてあな》式住居とかの時代は、自分たちで家をつくるやろ？　その中に、家つくるのに、メッチャハマるやつがおるねん。すると、当然いい家ができる。それを隣の家族が見ていて、すみません、うちもつくってもらえませんか？　と言ったら、そいつは当然喜んでつくる。もちろんいい家ができちゃう。その家族は、お礼にと言って魚とか山菜とか持ってくる。そうやって仕事って始まったと思うねん」と言われて、それを聞いたときに、アッ！　と思ったんですね。

それまでは仕事とやりたいことは一致しないと思っていて、やりたいこと

をやるために仕方なく仕事をするとか、仕事というのは、既にある選択肢の中から仕方なく決めるみたいに思っていたんですけど、ちょっと待ってくれ、好きなことをやっていたら仕事になっちゃうんだ！　と思ったんですね。

それでいても立ってもいられないような気分になって、それから結構すぐだったかな。もともと旅行に行って写真を撮るのが好きだったので、撮りためた写真に、てんつくマンのマネをして言葉を書くみたいなことをやりたいと思って、独学でパソコンでポストカードをつくったんですね。

当時はインターネットを始めたばっかりだったので、そこに出すようにしたら、それでつながる人もふえたので、ストリートもちょっとやってみようと思って、原宿とか井の頭公園でやり始めたんです。

これは楽しいなと思って、こんなのでやっていけたらいいなと思うけど、もう一段階楽しいことがあるような気がして、それは何だろう？　と思ったときに、好きなことを仕事にするのはもちろんベストだけど、もっといいことはないか、例えば好きな場所で好きなことをやれたらどうだろう？　って、そしたら、「もう死んでもいいや！」と思ったんですね。それができたら全然オッケーだなと思って、自分なりにいろいろ探してヒットしたのが沖縄だったんです。それで、好きな場所に行って、好きなことをやってというふうになったんですね。

あ、おもしろい、書きたい！

金城　僕は今の話と真逆なんですけど、好きなことをやってやるという感覚がなくて、好きなことはどうしてもやめられないんです。いいや、こんなものと思っていても、やめられないでずっと続いているのが書くことなんですよ。

承認欲求というのかな、20年前からブログというのを始めて、最初は自分の生い立ちを小説風に書いてみようと思って、「赤川次郎風金城光夫物語」みたいな感じで書いていたら人気が出て、結構ファンが集まってきたんだけど、何かの手違いでブログごと全部消しちゃったんです（笑）。

あそこまで書いたのにもったいないと思うんだけど、消えた幻の小説がいっぱいあるんです。

それだけがずっと続いているという感じで、その間は、僕の場合は好きなことで仕事になるわけないだろうという感じで、仕事は仕事、好きなことは好きなことという感覚で、生活のためには仕事をしないといけないでしょうというのがとても強かったので、書くのが好きで、暇なときにはずっと書いていたけど、暇でなくなったら書かなくなってという感じでしたね。

おととしぐらいまで、大阪の、ブラック企業認定はされてないけど、ここはブラック企業じゃないかというような忙しい会社にいたものだから、朝6時に起きて出ていって、夜10時に帰ってくるから、もう必死なんですよ。

帰ってくるだけで必死だし、寝るのに必死。寝るのに必死ってわかりますか。帰ってからが忙しいんですよ。

とにかく分刻みで、ご飯を食べて、12時前には絶対寝るというのが目的なんだけど、いつも12時過ぎてしまう感じで、趣味とかやっている暇はない。書くというのは、みんなはどうなのかわからないですけど、ほかの人の言い方を借りると、降りてくるんです。

あ、おもしろい、書きたい！　というのが出てくるから、書きたいという感じ。本を書くとかじゃないですよ。おもしろいことに気づいたみたいな感じでブログに書きたいと思うんだけど、時間がない。暇になったら書こうと思ってメモだけしておくけど、書く暇がない。

我慢できなくなって、暇になったらと考えていたら書けないと思ったから、結局、通勤時間の20分の電車の中で書いたんです。

僕、昔は鉛筆で書いていて、今はパソコンだけど、僕はパソコンを使えないのでスマホで書くんです。黄金の右人さし指で（笑）。電車で座れたらラッキーだけど、座れなくても立ちながらでも書けるじゃないですか。

ロメダ　スマホの画面は小さいじゃない。前に書いたやつをよく覚えているよね。文脈が変にならへんの。ここに書いているのがあって、これがあって、続きがこうって。

金城　僕、そういうのがないんですよ。出任せだから。そうなるように書いたわけじゃなくて、書きたいように書いていたら、そうなっているんですよ。

僕のモットーとしては、できることならば3行で終わらせたいんですよ。でも、短く終わらせるつもりが、なんか長くなっちゃうんですよね。これを説明するためにはこれもとやっているうちに。何とか転結というのがあるじゃないですか。

――起承転結。

金城　あれ、僕、わからないです。形容詞とかも最近覚えたんですよ。助動詞だったかな（笑）。昔、僕の5次元セミナーで、最後の語尾が違うだけで人生が全然変わってくるという話をしたときに、「金城さんが言っているのは国語の話だね」と言われて、ぴんとこなかった。意味がわからないから。

ロメダ　例えば？

金城　例えば、当時は奈良に住んでいたので、沖縄に帰るために必要なお金

早く寝たい...

を計算すると、敷金、礼金、引っ越し代、全部含めて最低でも100万円かかるわけですよ。そのときに、100万円ないと帰れないという方向に持っていくのか、100万円あったら帰れるという方向に持っていくのかの違いで人生が変わるという話をしたら、国語の問題だと言われたときに、あっ、そうなんだという感じで、とってもうれしくて、はまってしまったんです。

何を言いたいかというと、僕は国語がわからないということを言いたいんです（笑）。本を書いておきながら、こんなことを言うのもなんですけど、僕は国語、算数、理科、社会の中で、国語が苦手だった人間なんですよ。

ロメダ　成績は？

金城　ここで成績を聞く？　1ではないですよ。ピース。

究極の答えは「いいところだけ見ればいい」

金城　好きなことをやろうという意識じゃなくて、どんなことをやっても好きなことはできるんだと気づいた瞬間だったんですよ。

好きなことをやりたいだけだというのと、嫌いなことをしたくないというのは違うということを言いたかったんですけどね。ドラゴンさんみたいな人は、僕に言わせると天然だから、無意識のうちにやっているんですよ、嫌いなことも何もかも全部。

でも、そういう話を聞いた人が、じゃ、嫌いなことはやらなくていいんだとなってしまって、おかしくなった人を結構見たことがあるものだから。それは嫌いなことを避けたいだけですよね。好きなことをやりたいと言って、好きなことを仕事にしていたら、イヤなことも当然ありますよ。

ロメダ　ある、ある。

金城　ドラゴンさんは、そこだけ見ておけばいいよと言うと、本当にそこだけ見る人なんですよ。たんぽぽおじさんの究極の一言、答えは、「いいところだけ見ればいいよ」ですけど、本当にいいところだけ見られる人なんです。

でも、世の中のほとんどの人が、いいところだけ見ようとすると、じゃ、隣にある悪いのはどうすればいいんですかという話になるじゃないですか。
悪いのを見ないで、いいとこだけ見ると言うと、じゃ、悪いのは見なければいいんですねという話になるんですよ。
いいところだけ見ればいいんですけど、悪いのを見ない努力をする。悪いのは見るとか見ないじゃなくて、いいところだけ見ればいいというのは、とっても難しいんです。僕、それ、20年悩みました。でも、ドラゴンさんはそれをやっているから、僕はすごいなと思っているんです。

ドラゴン　へぇ〜、そうなのかなあ……

金城　本当にできる人がいるんだと思って。僕は今はわかりますよ。あ、そういう意味なんだって。でも、ドラゴンさんもロメダさんも、そういうのを普通にやってるんですよ。

究極の答えは、好きなことだけやればいい。本当に好きなことだったら、どんなことでも、どんなときでもできるというのを言っておきたいなと思ったんですね。嫌いなのを99やっても、好きなのが1できるんだったら、すごい喜びがあるんですよ。
でも、好きなことを99やっても、嫌いなことを1やっているだけでイヤな思いをする人もいるんです。

ロメダ　米子《よなご》に85歳のすごいじいちゃんがいて、15年ぐらいかけて自分で木を運んで、山の中に超プロ級のピシーッとした家を自分で建てて、そこでそば屋さんをやってはるねん。

そのじいちゃんは、いまだに木に登ってパパッと伐《き》るし、屋根にも登って修理するけど、「イヤなことはしない。好きなことしかしない。イヤな人には会わない。好きな人としか会わない。ずっとそれしかやってこなかった」と言ってんの。ちっちゃくて、元気なじいちゃんやねん。とにかく飲ますのね。クルマや、言うてんのに(笑)。ユズの皮をなめとったら大丈夫やと言って、3時間ぐらいベッドに寝かせて、ユズの皮をペッとやって、「そのまま帰りい」と言って帰らせる。すごいよね。そのまま85年生きてたら、あんなになるんやなと思ってさ。いけるで。

以上（笑）。

金城　そのじいさんは何者なの？

ロメダ　もともとはスーツをつくるテーラーで、バブルのときにバーンと儲《もう》けて、その後、そば屋になって、ミシュランの5000円以下のやつに選ばれてるような人なんやけど、どぶろくをつくりたいと思って、行政と交渉してどぶろく特区というのになってどぶろくをつくったら、それがまた日本全国で金賞になったり、とにかくダーッと行く人なんやけど、好きなことしかしないと言ってた。僕はそれがええと思う。

Part 2

鍼《はり》を刺さない鍼灸《しんきゅう》治療師？

ツボなんて、要らん！

――ロメダ先生のプロフィールを。

ロメダ　母親が鍼灸師で、家でやっていたけど、雰囲気が暗いの。

金城　電気がついてなかったんじゃなくて。

ロメダ　電気はついているねんけど、暗いの。ドヨーンとしている。家に入って玄関に靴が置いてあったら、ワッ、来てると思って、トイレに行こうと思ってガラッとあけたら、おばあちゃんがチンと座っていて、エーッと思って庭でオシッコしたりさ。
　とにかくイヤやったの。お灸のにおいと鍼灸院のドヨーンとしたのが大嫌いで、絶対なるかと思っていたけど、何か知らんけど、なってしまった。
ドラゴン　何でなったの？（笑）
ロメダ　会社員を……
金城　社会経験があるんだ。
ロメダ　あるよ。28で脱サラしたの。
金城　結構長いんだね。
ロメダ　長いよ。6年ぐらい頑張ったよ。
金城　負けた。俺、5年だ（笑）。
ロメダ　2個、勤めたんやけど、1個目のところは、すごい天狗《てんぐ》になってハーン言うてやめて、2個目のところは追い詰められて心を病んでやめた。
金城　ロメダさんが？
ロメダ　うん。おかしな会社で、そこに勤めているときに、同僚が肩が痛いとか言うから、晩ご飯のときとかに母ちゃんが「ここのツボをこうやったらな」とか言うのを何となく覚えていて、それをヒュッとやったら、「よくなった」とか言うから、何じゃ、これは、おもしろいなと思って、ちゃんと学校へ行って、その後、整形外科にも行って、一応西洋医学も東洋医学も知っているわと言って、また天狗になって開業したんやけど、幾らやっても全然治らへんのよ。

母からものすごい数の患者さんを引き継いだんやけど、1人か2人しか残らへんかった。残りは全員離れていった。そこからちょっとちゃんと勉強するようになった。

金城 それまではちゃんとしてなかったんだ。

ロメダ ちゃんとしているつもりやったよ。できると思い込んでいたから。でも、あかんかった。

ドラゴン へーッ、そういうときがあったんだ。

金城 そこから自分の努力でお客さんが来るようになっていったということ

と？

ロメダ　団地でやってたから看板が出せへんのよ。全部クチコミで。わかったのは、10人ぐらい来たら、1人ぐらいは紹介してくれる人がいるということ。

1人を紹介すると、その人は何人も紹介してくれる。何人ぐらいになったら、どれぐらいの割合でふえていくのかというのは、何となくわかってきたんですけど、それまでは全然何もわからへんかった。

そんなのしてて、あるときに、金属アレルギーの人が来たんよ。鍼、刺せへんのね。

金城　金属アレルギーなのに鍼に来る人がいるんですか。

ロメダ　そう。知らんかったみたいで。「僕は鍼灸師です。鍼をするんです」と言ったら、「しないでください」と言うから、「わかりました」と言って、鍼を刺すツボを手で押したんです。そしたら、よくなったから、次の人にも鍼をしないで手でピッピッとやったら、ウッとかなって、治るねん。

金城　エッ、鍼を刺さないで？

ロメダ　手でピッピッと。誰でもできる。

金城　ツボさえわかれば。

ロメダ　ツボもわからんでええと思うのよ。ツボ、要らんもの。

金城　そんなことを言っていいんですか。

ロメダ　いい。

ドラゴン　その感覚、わかる。

ロメダ　わかるね。ツボなんて、要らん。あんなの、覚えるだけムダ（笑）。

金城　どこをどう押すのかわからない。

ロメダ　何となくわかるようになってくるねん。経絡とか、知識はちゃんとある。細かいのがいっぱいあるけど、そんなの覚えられへん。ほんまに適当でいい。

ドラゴン　どうせつながっているから、どこかにさわったら、どこかに届くんだよ。

ロメダ　届く。そういうこと。ピッピッがチャッチャになって、体の気をグーッとさせるみたいなのができるようになってきた。
金城　それはわかるんだけど、それができるということですか。
ロメダ　誰でもできる。グーッといければね。経絡という気が流れる道を昔の人が見つけていて、そのおかげで治療ができる。
ドラゴン　僕も同じですね。体のことを勉強しようと思ったら、キリがないもん。
ロメダ　キリがない。

昔の人は経絡が見えていた。僕も3カ月間、見えたことがある

ドラゴン　（経絡関係の）本を持った瞬間に、どうしようと思って、嫌気が差すのよ。東洋医学の経絡とかでもそうなんだけど、最初につくった人はど

うしたんだろうと思ったら、勘のはずなんだよね。勘で、たぶんこうなんじゃないかと仮説を立ててやっていったら、うまくいったんじゃないかな。

金城　仮説ですよね。

ロメダ　見えていたんだと思うね。

ドラゴン　昔の人は見えていたのかな。

ロメダ　僕も一瞬だけ見えたことがあった。だけど、すぐ見えへんようになってしまった。

金城　何が見えたの。

ロメダ　だから、昔の人は経絡が見えてたんじゃないかというふうに思ったの。

体表に流れている経絡やったらわからんでもないけど、それが心臓とつながっているとか、大腸を通ってどうとか、中の見えへんところとこれがリンクしていてとか、見えてなかったらわからへんと思う。手とかは感覚でわかるけど。

昔の人は何でわかるんやろなと思っていたら、あるとき、何でなったのか忘れてしもたけど、世界が全部ツブツブになってしもうて、えらいことになった。

例えば、このテーブル、ちゃんと見えてて、木だというのはわかってるけど、その上にもう1個、雷おこしの超細かいやつみたいなのが見えるねん。でも、ちゃんと普通にも見えてる。わかる？

ドラゴン　わかる、わかる。僕も似たようなことがあった。

ロメダ　例えば、椅子とわかっているねんけど、砂粒に見えるから、座ったらヤバイから、叩いてみて、あ、大丈夫だとわかってから座るのよ。

患者さんも、人間やし、さわったらプニュプニュしてるけど、ボロッとなりそうでヤバイから、大丈夫かな、大丈夫かなみたいな感じだった。何もかもが全部そんなふうに見えた時期が、3カ月ぐらい続いたかな。

金城　一瞬だけじゃなくて、そんなに長く？

ロメダ　朝起きたら治っているかなと思ったら、やっぱりダメ。

酔っぱらったら治るかなと思ったけど、全然治らへんし、ウワーッと思ってたら、ある日、ガラスに水をビャッとかけたらモニャモニャモニャとなるみたいな感じでもとに戻っててん。

一同　へーッ。

ロメダ　ヤッターと思って、そのときに、緑のピシャピシャピシャッというのが見えて、これが経絡なんやと思ってさ。

金城　自分の体の？

ロメダ　いやいや、他の人の。

――スキャンもできたんですよね。

ロメダ　そうそう。スキャンもできた。全部わかっててん。でも、すぐわからんようになった（笑）。

ドラゴン　でも、気というのは経絡で伝え合っていて、創始者はたぶん見えていたと思うけど、何かで感覚をつかめなかったら受け継げないじゃん。だから、どこかでみんなきっと感じ取れるはずなんだよね。

ロメダ　そうそう。昔の人って、たぶん違うと思うのね。

ドラゴン　職人の教え方って、見て覚えろ！　だし、巻物を開いたら、「振り上げて下ろせばいい」とか、わけわからないもん。

金城　それが本当の伝承だと思う。俺、父親に料理のつくり方を伝授されたことがあるんですよ。

父親は自分で酒のつまみとかつくっていたんだけど、あんまりうまいから、調味料を聞いて自分でもつくれるようになろうと思って、「これはどんな味つけをしているの」と聞いたら、オヤジは一瞬教えようとしたんだけど、「そんなのわかるか！」って急に怒り出して、「おいしいなと思うだけ入れればいいんだよ！」（笑）。

ロメダ　そりゃそうだよな。

金城　ああ、そんなのでいいんだって、逆に受け取ったんですよ。だったら、できると思った。調味料は自分がおいしいと思うだけ入れればいいんだから。

何グラムとか、小さじ何杯とか、そんなのじゃなくて、自分が何となくおいしいと思ったら、その味なんですよ。だから、自分が料理をつくるときは、何グラムとか決まってなくて、大体これぐらいという感じ。

ロメダ　そうそう、適当、適当。

金城　おいしいと思うところで手がとまるんです。これでやめとこうというところがあって。伝承というのは、あんなのだと思うんですね。

でも、頭人間の人が多いから、頭人間に教えてちゃんと残すために、グラムをはかったり、経絡はこうだとか細かく言ったりしたら納得するじゃないですか。あ、なるほど、ここととここがつながっているから、ここを押せばいいんだと納得するから、そこを押したらよくなるんだけど、今の話を聞いておもしろいなと思ったのは、そんなもんなんだということ。

ロメダ　そんなもん、そんなもん。

金城　全部そんなもんという話？

ロメダ　全部そんなもん。

本を書くときは、2人いる。2人いるけど1人という感じ

金城　本を書くときには「降りてくる」という言い方をすると、みんな喜ぶんだけど、本当は降りてくるとか、あんな発想じゃないんですよ。降りてくるという感覚はない。

ロメダ　湧いてくる？　うーん、わからん。

金城　もともと知っている人間に入れかわって書いているという感覚なんですよ。だから、何か降りてきたのを書いているんじゃなくて、自分は昭和42年5月17日に生まれましたと言うのと同じように、当たり前のように書いているんです。

書き始めたら、わかる人になって書いているんだけど、もう1人、喜んでいる自分がいて、2人いるという感じ。

書いている自分は当たり前のように書いているんだけど、次、どうなるの

とワクワクしている自分がいて、自分が続きが一番楽しみ。

そんな感覚だから、降りてくるわけでもなく、自動書記という感覚でもないんですよね。意識ははっきりあるから。

ロメダ　2人いるんだ。

金城　2人いるけど1人という感じ。だから、適当なんですよ。どういうふうに書くか考えたことない。早い話、『わたしは王』という本を書いたときは、「おなかの家来」という言葉に感動して、これを書こうと思ったら、あの1冊の本になったんです。

ロメダ　おなかの家来？

金城　おなかの家来になっているという話があって。

ロメダ　あったっけ。

金城　読んでないでしょう。

ロメダ　読んでるよ（笑）。読んでるけど、忘れちゃうんだよね。

金城　感動したら、これはおもしろいと思って、それを3行で書きたいんだけど、3行で書けないから、そこに行き着くまでのいきさつとかを書いているうちに長くなってしまうんですよ。

本当はブログ1回で終わらせたいのが、長くなって本になってしまったという感じなんですけど。感動したら、出てくるんです。ああ、もう本ができたという感じ。

ロメダ　そんなのいっぱいあるの。

金城　それを書こうと思ったら幾らでも書けるから、考えるのは中身じゃなくて、表紙はどんなのがいいかなって。

ロメダ　あれは考えた? かっこいい、目のグリーンのやつ。

金城　あれはちゃんとしたプロの方が。有名な方らしいですよ。

ロメダ　あれ、いいよね。迫力ある。

金城　適当というのは、僕の中で理想。

ドラゴン　でも、適当という文字はおもしろいよね。適所に当てているわけじゃん。

金城　いいかげんは、よいかげん、そんな感じね。

ドラゴン　適当は、今、気づいたね。

ロメダ　もともとはそうなんじゃないの。

金城　僕は出たところに任せているんですよ。神様に身を委ねている。だから、僕風じゃないです。だから、何？　と思うときがたまにあります。出任せだから。

ロメダ　出て任せる。じゃ、でたらめは？

金城　でたらめもおもしろいですよ。出たら目だから、出た目の数だけ進めばいいじゃないですか。

ロメダ　おもしろい。

Part 3

「においで走れ！」命令したらガス欠の車も走る⁉

アンドロメダをイメージしたら、ヘロヘロだったのが一瞬で元気になった

金城　ロメダさんは、その後、忙しくなっていったんですか。
ロメダ　別に。ずっと一緒。
金城　じゃ、忙しくなっていったのは最近ですか。アンドロメダに行って。
ロメダ　あれは２０１７年。
ドラゴン　じゃ、ＳＳ健康法を出してからなんだ。

ロメダ　そうそう。それまでは日がな一日、亀を眺めていた。5、6人来たら、今日は多いねとか言ってたもんね。

ドラゴン　SSを出してからきつくなったということ?

ロメダ　そうそう。ヘロヘロになった。あれはひどかったよね。

金城　その話を聞かせてください。

ロメダ　手でやってたら、だんだん自分の気で相手の気を調整できるようになってきて、調子に乗ってたんよ。そのときは、たまたま忙しかった日で、朝から晩までカーッ、カーッ、カーッとやっていた。

電車通勤してたから、仕事が終わって電車に乗って、自分の駅で降りましょうと思ったら、お酒は1滴も飲んでへんのに、駅名が見えてて、降りようと思っても、体が全然動きよらへんのよ。それで、そのまま車庫の前の駅まで。

金城　寝てたわけじゃなくて。

ロメダ　起きているけど、体が全然動かないの。「お客さん、終点ですよ」

と、ものすごい邪険に言われてさ。
でも、降りたいけど、動かへんのよ。酔っぱらいと勘違いされて、両方から手を持たれて、水をバーッとかけられて。
それで、今日は絶対タクシーやと思って、タクシー乗り場を見たらズラーッと並んでるねん。こんなの待てへん、早く帰りたいと思って、フラフラしながら帰る途中でウッとなったときに、アンドロメダがパーンと思い浮かんだのね。
そしたら、急にゴンゴンゴンと元気になって、何じゃ、こりゃ、みたいな感じやん。それで、コンビニでビールを買って、歩いて帰っていったの。

金城　ビールを飲んだから元気になったんじゃないの。

ロメダ　元気になったから、ビールを飲めたのよ。

金城　イメージしただけで元気になったの？

ロメダ　そうそう。

金城　元気になったという感覚？　何か湧いてきたという感覚？

ロメダ　パーンと一瞬で元気になった。それって不思議やん。それで、次の日に、ちょっと実験してみたりとかさ。

金城　今度は意識的に？

ロメダ　意識的にやって。

金城　やっぱり変わるんだ。

ロメダ　そうそう。そしたら、だんだん。最初は何と言ってたっけ。アンドロメダと言ってなかったっけ。宇宙と言ってたっけ。

金城　アンドロメダは前から好きだったんですか。

ロメダ　アンドロメダは子どものころから好きやって。教科書に載ってるやん。白黒のピンぼけのやつ。

金城　何で銀河系じゃなくてアンドロメダなのかなと思って。

ロメダ　きれいやなと思って眺めていて、ずっと忘れていたのに、突然パーンと思い出して、カッとなって、元気になった。それで今に至るんだよ。以上。

私もアンドロメダから…
地球やし…

金城 アンドロメダの話はヤバイんですか。
ロメダ 「私もアンドロメダから来たの」とか言って、変な人がいっぱい来た。そんなの知らんし、地球やし(笑)。

新大阪と天川村を往復したのにガソリンが満タンのまま!?

金城 不思議な話を聞きたい。ガソリンの話をして。
ロメダ 奈良の天川村に芸能の神様と言われる天河神社があって、絵馬にサザンオールスターズとか書いてあるんよ。
そこでイベントがあるから行こうと思って、レンタカーを借りて新大阪の駅からそこまでビューイーンと行って、車中泊して帰ってきたんやけど、そのクルマが、奈良に入ってもガソリンのタンクがFのままなんよね。どんだけ減ってるかわからへんから、ヤバイやん。高速使うし、突然プスッとかなるかもしれへん。

金城　Fって？

ロメダ　フル。Eがエンプティー。使っていたらどんどん減っていくはずなのに、減らへんで、ずっとFのままなんよ。当時つき合っていた彼女と一緒だったんやけど、「これ、壊れてるよね」って。

金城　ああ、壊れてたら怖いということ。

ロメダ　うん。だって、ガソリンの残量がわからへんやん。もしかしたら、もう残り1リットルかもしれへん。普通は減ってきたら赤くなってわかるやん。

でも、お金がなかったから、ガソリンを2回に分けて入れたらお金がかかるので、とにかく一発で入れたいと思ったのよ。もう賭けやと思って帰ってきて、新大阪の返すところのぎりぎりのところのスタンドで「レギュラー満タンお願いします」と言ったら、「お客さん、満タンですよ」と言われてん。減ってないのよ。でも、絶対にエンジン動かしてんねん。

金城　新大阪と天川村を往復して。

ロメダ　うん。山道をブーンと走ってるし、普通に考えたら、もうぎりぎりのところやんか。寒かったから暖房もつけてるし、絶対ガソリン減ってるに決まってるやん。でも、ほんとに減ってなかったみたいで、「お客さん、満タンですよ」って言われた。

今思ったら、そのクルマを何で借金してでも買わへんかったんやろ（笑）。返してしまったんよ。

ドラゴン　なるほどね。

金城　それはクルマの問題なの？

ロメダ　クルマの問題と違うの。

ドラゴン　それはいいクルマだね。

ロメダ　そう思うやろ。欲しいやん。

ドラゴン　欲しいわ（笑）。

ロメダ　それ、いまだに後悔してるもん。新大阪へ行くたびに、そのレンタカー屋さんがあるかなと思うけど、もうないのね。だから、誰かが手に入れたのかな。うっかりしてた。あまりにも動揺してさ。減らへんなんて、ないよ。

金城　それはすごい。逆に僕は、今の奥さんとデートしていたときにガス欠になったんですよ。ガス欠になって気づいて、面目ないという感じで。

ロメダ　それはメーターが壊れてたの？

金城　いや、本当にガス欠にしちゃったんですね。

ドラゴン　メーターを見てなかったということ？

金城　見てなかった。ぎりぎりやっている時代で、お金がなくて満タンとか言い切れなくてレギュラー1000円分というときだったので。

動かなくなって、ヤバイと思って、「ガソリンのにおいで走れ」と言ったらエンジンがかかったので、何とか次の給油所までもってくれと思って走るんだけど、そんなときに限って近くにガソリンスタンドがないんですよ。あの坂道をせめて登ってくれないかなとか、山を越せば下りだから惰性で何とか行けるからという感じで、ぎりぎり帰ったことがあるんですね。
たんぽぽおじさんは「命令すればいいんだよ」と言っていて、ほんとかなと思ったけど、命令したらほんとに動いたから、びっくりした。

ロメダ 今度やってみよう。

金城 その前にガス欠にしないほうがいいと思いますよ。
僕はそれまでほんとかなと思っていたけど、ほんとにガス欠になってしまうと、もうそれしか方法がないので、「においで走れ」って。

ロメダ 命令したらいいの?

金城 命令したらいいです。

ロメダ 酒に変われ! 命令した。(コップの水を飲む)
水や(笑)。クソー。

金城 ワインだったらいいかもしれない。

ロメダ 白ワインに変われ! ――水や(笑)。

Part 4

一念があったら時空さえも超える!?

たんぽぽおじさんはワープできる

金城　たんぽぽおじさんの話だったら、幾らでもあるんだけど。

ロメダ　言って、言って。会いたいもん。たんぽぽおじさんに会わせてよ。

金城　会う時期と会わない時期があって、今は会わない時期なんですよ。時期が来ると、「世界中から呼べ、早く呼べ」と言うんだけど、今は誰とも会わない時期なので会えないんです。

ロメダ　教えてね。

金城　絶対会いたくなるんですよ。

ロメダ　会いたい。

金城　この話は載せていいかどうかわからないけど、たんぽぽおじさんが川崎に住んでいたときに、埼玉に住んでいた四柱推命の日本でも有名な先生から何回も呼ばれたらしいんです。

何の占いを使っても、たんぽぽおじさんは、見えない、読めない、絶対わかるはずなのにわからないから、「今から来られないですか」と電話がかかってきたので、「いいですよ」と言って、すぐ向かったらしいんです。

川崎から高速を飛ばしても2時間半ぐらいかかるところだったらしいけど、電話を切ってから30分ぐらいで着いたので、向こうの人はびっくりして、「どうやってきたの」「クルマで来ました」「さっき電話をとりましたよね」って。携帯なんかないころの話ですよ。

ロメダ　早く着いたということ?

金城　そんなことは絶対にあり得ない。高速を飛ばして2時間半かかるところを30分で来られるはずがない。でも、たんぽぽおじさんは、そんなのどうでもいいじゃないかという人だから、「会いたいと言ったから来ただけで、早く会えてよかったでしょう。おくれたら問題だけど、早く来たんだから問題ないでしょう。何でかと考えたら眠れなくなるから、もう考えるのはやめなさい。用件を済ませば、それでいいでしょう」って。

たんぽぽおじさんは、そういうことが結構あるらしいんですよ。その瞬間がわかるって。高速を走っているときに、何？　この道、新しく開通したんだと思って、そこに入っていって、気がついたら家の近くだったりするらしいんですよ。

静岡から帰るときも何回かあったらしい。あちこちにワープするところがあると言っていた。

ドラゴン　時空がゆがんでいるところがあるんですね。

金城　でも、それを不思議話として教えるのではなくて、仕事とか、やるべきことを精いっぱいやったら、何かにつながって、神様まで応援してくれる瞬間があるという話をするんです。「一念があったら、時空を超える何かがある。これが本当にあるんだよ。だけど、誰も信じてくれないんだよ」と言ってました。

ロメダ　2時間半かかるところを30分で来たというのは、実話なんやもんね。

金城　呼んだ人はもちろん、一緒に乗っていた彼女のほうがびっくりですよね。その彼女は、私とは全然違う世界の人だから、私がいたら邪魔なのかもしれないと言って、いなくなったらしいけど。

ロメダ　一緒にいたら、おもろかったやろな。

金城　たんぽぽおじさんの話を聞いているとおもしろいですよ。急に鍋が光り出して、ふたをあけたら料理がいっぱい詰まっていて、食べたらめっちゃおいしくて、全部食べてしまって、残しておけばよかったと、後から思うらしい（笑）。

ロメダ　つくってないんだものね。

金城　つくってないのにできていたり、コーヒーを淹《い》れようと思ったら、もう入っているよみたいな感じで。それがとってもおいしくて、感動のあまり全部飲んでしまって、「あ、しまった、また飲んでしまった」と（笑）。

そんな不思議なことがいっぱいあるんだけど、先駆けじゃないけど、これからはそういう時代になるからびっくりするなというのを教えるために、そんな話をするんですよ。

不思議なことが起こっても不思議じゃない世界。「草や犬がいきなり話しかけてくるかもしれないぞ」と言っていた。それがわかってないと、急に草や犬がしゃべってきたら、俺は頭がおかしくなったかもと思って自分の頭を疑うじゃないですか。

でも、僕は聞こえてこないけど、最近、本当にそうなんだという感じで、聞こえると言う人は結構いる。

ロメダ　いる、いる。患者さんでも、犬としゃべる人がいる。魚としゃべる人もいる。テレビに出てた。ハイジかな。声は出さへんけど、水族館の魚とずっとしゃべっているんだって。

金城　四つ葉のクローバーから声がかかる女の子の特集をテレビでやっていて、あ、いるんだと思った。

その前に僕が沖縄にいるときに、ある男の子がそんなことを言ってたから、まさかと思ったけど、声が聞こえるらしいんです。声のほうに行ったら四つ葉のクローバーがあるんだって。

ロメダ　ちょっと前やったら、そんなのは精神病扱いよね。

金城　そういう時代になるよというのは、たんぽぽおじさんから15年前に言われているんです。そうなっても心配しなくてもいいからと言われたんだけど、最近そういう人がセッションしていても結構いるんです。

石と話をするという人は2人ぐらいいます。そういう不思議話が当たり前の世界になっていくというのを見通していた。

証拠がないと信じられないみたいな感じだけど、ヒカルランドの社長さんの考え方がおもしろくて、僕は好きなんですが、「おもしろいからいいんじゃない」って。ウソかホントかはわからないけど、おもしろいから、それで幸せならいいんじゃないか。

Part 5

そもそも病気は「気」のせい!?

「できるだけ何でも屋」の始まり

金城　たんぽぽおじさんと僕が知り合ったきっかけは、親が末期ガンで医者にはもう治らないと言われたときに、手をかざして治す人がいると聞いたんです。

本当だったらすごいじゃないですか。ウソだったとしても、末期ガンだからしょうがないという感じで会いに行ったら、本当に手で祓《はら》うんです。

その2〜3年前にも、筋肉が固まっていく病気になって歩けなかった人が急に歩き出して畑を走り回っているのを見たことがあったんです。でも、自分が経験しないと、あんなのウソよと言う人がいるんです。僕がたんぽぽおじさんの話をすると、そんなのウソよ、気のせいでしょうとか言われるんですよ。それから、手で祓うだけで歩けるようになるとか言っても。

でも、「気のせいよ」と言われたときに、何か受けたんです。あ、気のせいか、という感じ。ウソとかホントはどうでもよくて、気のせいで痛みがとれて歩けるようになるんだったらいいんじゃないと僕は思ったんです。

気のせいで歩けるようになった人が、結構いっぱいいたんですよ。病気自体、気のせいじゃないかという感じで。

ロメダ　気が病んで、病気やもんね。

ドラゴン　病体とは書かないものね。

金城　僕は昔から風邪を引いたことがないと言い張っているんです。

喉が痛くなることはあるし、咳《せき》が出ることもあるけど、風邪だと思ったことがない。咳が出る、喉が痛い、熱が出る、それだけで、風邪ではない。

風邪じゃなくても熱が出るときはあるから、僕から言わせると、風邪と決めつけるのが変だったんです。何でわざわざ風邪と言うのか。喉が痛いという症状は、風邪ではないと思っているんですよ。

みんな、ちょっと咳をしたりくしゃみをしたりしただけで風邪だと思い込むから、本当に風邪になったりするんじゃないか。

こんなことを僕は本でも書いているんですよ。でも、そんなことを書いている僕が、去年の暮れ、風邪になったんですよ（笑）。

ロメダ　ほんまの風邪？

金城　さすがに風邪ではないと言い切れなかった。頭は痛いし、体はだるいし、初めてというぐらい熱もある。もしかして、初のインフルエンザ？　と思って、俺も人間だったみたいな感じで、これは絶対病院だと思って病院に行ったんですよ。

「熱が3日ぐらい続いているんですよ」と言ったら、「咳が出ますか。喉が痛いですか。吐き気はありませんか」とか問診した後、インフルエンザの可能性があるからと言って鼻の中に針みたいなのを突っ込まれて、肺炎の可能性もあるからということでレントゲンも撮ったんです。

肺炎と聞いて、ヤバイ、もしかして俺は病気なのかなと思ってしまったんだけど、最終的に「インフルエンザでも肺炎でもないですね」と言われて、ああよかったと思っていたら、その後で強調するような感じで「風邪でもないですからね」と3回ぐらい言われたんですよ。「じゃ、この症状はどうすれば治るんですか」と聞いたら、「熱冷ましの薬を出します。風邪じゃないですから」って4回目に言われたんです。何なのかという感じじゃないですか。

ドラゴン　風邪って、何か定義があるのかな。

金城　自分がいつも風邪じゃないと言っているから、医者にも風邪じゃないと言われたのかなと思ったんですが、結局風邪じゃなかった。

医者に同じことを言われたからびっくりして、「熱もあるし、喉も痛いですよ」と言ったら、インフルエンザだったらどうのこうのとか言って、「喉が痛いのも熱があるのもわかるけど、風邪ではないです」と、また言われて、「風邪だったら、こんなに熱が続かない」って。何なのかわからなくて、逆に怖いじゃないですか。

でも、「風邪じゃないです」ということだけ4回も言われて、自分が何年も風邪じゃないとずっと言ってきたから、医者にまで言われたのかなと思ったんですよ。

ロメダ　「風邪じゃないですね」というのが、魔力でグーッと命令が来たんじゃないの。

金城　その医者はおもしろいなと思った。普通は風邪にしてしまいたいじゃないですか。病気にしないと処方できないから、病気にしてしまいたい。

ロメダ　そうそう。名前をつけなあかん。

金城　だから、病気をつくる。おもしろい人がいて、「みんな腰痛で病院へ行くけど、腰痛は病気じゃないですよ。でも、病院に行ったら、病名をつけないといけないから、病名をつけられて薬を出される」と言っていた。

何かの炎症で痛いのかもしれないけど、腰痛は病気じゃない。結局、自分がそう思ったから、そうなっていく。だから、気のせい。

何でこんな話をしているかというと、気の話をしたいからで、ロメダさんに気の話を振ろうと思って、僕の話が長くなってしまいました（笑）。

ロメダ　その前に、ゴンちゃんが何で治療家になったのか聞きたい。ストリートで絵を描いたり詩を書いたりしていた人が、どうやって今のゴンちゃんになっていったのか。

Part 6

全捨離アドバイザー誕生

どうしてドラゴンさんは施術家になったのか

ドラゴン　名古屋に住んでいたころに足首を怪我して、接骨院に毎週通ったんだけど、半年たっても全然治らなくて、ずっと足を引きずって生活していて、下手すると一生このままなのかな？　と思ったこともあったんですね。
　そのときは東京で就職しようと思っていたので、たまたま本屋で、ある整体師の本を見つけて読んだら、次々と治っていく奇跡、みたいなことが書いてあったから、就職活動ついでに行ってみようと思って、そこに行ったら、一発でほぼ治ったのよ。

こんなことがあるんだ、いつかこういうのを習おうと思っていて、東京に就職して結構すぐかな、わりと変則的なシフトの勤務だったから、仕事の合間にちょこっと習ったんです。それが最初で、その後に沖縄へ行って絵を描き始めて、その間はやらなかったの。

金城　沖縄に行く前に習っていたんだ。

ドラゴン　そっちが先なんです。

最初は、基本、何でも屋でやっていたんだけど、絵のほうで進めていったほうがいいかなと思って、ちょっと脇に置いといたの。

でも、ある整体師さんとたまたまめぐり合って、さっきまで歩けなかったじいちゃん、ばあちゃんが目の前で歩き出したから、何が起こっているんだろう？　と思ったんです。ちょっと置いといたけど、体のことが好きではあったので、これはおもしろいなと。

当時、膝が痛くなると自分でやっていたら治ったので、これは使えるなと思ったし、興味はあるけど、それを仕事にしてはいけないような気がしたんですね。

絵でやっていこうと思っているのに、違うことをやったら、絵がダメだからこっちに行ったみたいになる。それは違うんじゃないかと悩んでいたんだけど、ある日、目が覚めたら、パタッとそれがひっくり返っていたんですよ。

僕って、自分の中で自分に質問していくんですよ。

そもそも何しに沖縄に来たの？　好きなことをやるため。体のことは好きなんじゃないの？　いや、好きだよ。じゃ、両方やればいいじゃん！　そうだよね（笑）。

ということで、並行してやろうと。体のことはちょっとずついいかなと思っていたんだけど、気がつくと、そっちの方が増えててね。一応両方やってはいるんだけど。

金城　整体以外のことは僕は15年前から見ていて、何をやってもうまくいくというか、何でもこなすというか、すごいなというのがあって、本当に何でも屋だった。

ドラゴン　名刺をつくろうと思って、何にしようかなと考えていたら、ラジオか何かで「できるだけ何でも屋」みたいなことを言っていたので、それはいいな、何でも屋だけど、できるだけでいいんだと（笑）。

無理を言われたら、いや、そういうのはできないと言えばいい。

本当にいろんなことを頼まれて、無茶ぶりとか来るのよ。あるときも友達から電話が来て、「つよし君、棚つくれるでしょ?」と言うから、「つくれないことはないけど」と言ったら、「じゃ、棚、頼むよ」と言われたんだけど、話がよくわからない。

聞いたら、友達が知り合いのお店のプロデュースを頼まれたので、そこの棚をレイアウトしてつくってくれということだったんです。

とりあえずそのお店に行って、朝までいたら、何か浮かんだんだよね。それでつくったら、結構好評な棚ができて、やればできるなということで、そういう無茶ぶりにも応えてきた。

執着を捨てて断捨離すると、スペースができて入ってくる

ドラゴン　あと、掃除とかやったら、お金がもらえたんです。片づけられない友達がいて、旦那さんが、こいつは捨てられないからと、いつも怒ってる、5年ぐらい床を見てない、どうしようと言うので、じゃ、手伝うよと。

これはその場で浮かんだんだけど、その部屋を何となく見たら、ビニールの紐《ひも》があったから、それで3つに分けて、要らないもの、要るもの、悩むもの、どれかに分けてと言ったんです。

すると、どうしていいかわからない真ん中がいっぱいたまっていく。「どっちでもいいということは、捨ててもいいよね?」と言ったら、「そういや、そうだよね」と言うから、「じゃ、ここに入れたものは捨てよう。どうしても要るとなったら、ゴミ捨て場まで拾いに行こう」ということにしたら、5分の1ぐらいに減って、ほぼ片づいた。

ロメダ　すごいね。

ドラゴン　それでお金をもらって、我ながらいいやり方だなと思った。あれこそ降りてきたのかもしれない。

ロメダ　要るもの、要らないもの、どっちかわからないもの？

ドラゴン　捨てられない人って、大体どっちつかずに入るのよ。どっちでもいいということは、捨ててもいいんだよねって。

最後のほうは決めるのに時間がかかってきたから、「今、悩んだね。悩んだということは、捨ててもいいんだね」って。

ロメダ　ヘルプしてくれる人がいるからできるので、自分ではできへんね。

ドラゴン　自分だと、なかなか悩むね。やっぱり人が間に入ったほうがいい。

ロメダ　それ、やってほしいな。

金城　断捨離。強制全捨離。

ドラゴン　断捨離はダメ、全捨離だね。

ロメダ　跡形もなく。

ドラゴン　全捨離アドバイザー。一言、「捨てろ（笑）」。

金城　もし火事とかになった場合は、何も残らないですものね。
ロメダ　そうやな。まあ、命があったらええな、最悪。
金城　僕はほぼ全捨離というのを2回ぐらい経験しているけど、やっぱり違いますよね。沖縄から東京に行くとなったときに、本当に必要なものだけ持っていこうと思ったら、99%はゴミなんですよ。
ああ、俺、ゴミ屋敷に住んでいたんだという感じ。1個だけもらってくれるものがあったけど、あとは全部ゴミ。
そのときに、ああ、ゴミなんだと気づいた。
ドラゴン　置いてあるだけでも、何か糸がつながっているのかもしれないけど、捨てるとそれが消える感じがして捨て切れない。
捨ててみて、なんか引っ張られていたんだなとわかる。
ロメダ　その話を聞いたら、やってみようかな。
ドラゴン　おもしろいですよ。沖縄に引っ越すとなると、結構捨てなきゃいけなかったので、そのときいろいろ考えた。

金城　県内だったら、使えるのを全部持っていくという感じだけど、沖縄から東京に行くときは、送るほうがお金がかかるから、本当に着替えだけ。

ロメダ　そしたら、引っ越しが一番ええんか。

金城　引っ越しは強制全捨離。全捨離というのは、浄化じゃないけど、何かを捨てる感じですよね。

ドラゴン　ある意味、違う人生を歩むしかなくなっちゃうものね。

金城　捨てるときに、もったいないかなという執着がダメなんだなと気づくんですよ。

ロメダ　もともとは全部カネ出して買うてるもんやものな。何でそんなのに払うてしもたんやろとかね。

ドラゴン　大概のものは要らなくなるだけなんだよね。

金城　それがあるおかげでストップかけているとしたら、逆にもったいないんですよ。そのときはわからなかったけど、今はわかります。

貧乏根性で、何で使えるのを捨てるのという感じだったけど、見える人には、何かあるらしいですよ。

ドラゴン　よく言うのが、空間がないと何もはいれないから、スペースを埋めているほうがもったいない。体も同じ。心もたぶん同じ。執着が消えないと、はいれないこともある。

世の中の人は要らないものばかりを見ている！

金城　僕が話しているのは見えない世界で、心の中をこっちに持っていこうというのが僕のセッションなんですけど、体の話を聞くとわかりやすいんですよ。ああ、そうなんだという感じになるから、逆に体のことをやっていたり話をしたりすると楽しいんですよ。

ロメダ　わかりやすいからね。

金城　わかりやすい。物理的にそうだからという感じだけど、心の中はどうしても見えないから。でも、それが絶対に関係しているというのがわかっているから、僕はセッションでもずっとやり続けるんです。
今の話で言うと、世の中の人は要らないものばかり見ているんですよ。欲しいものを見ているんじゃなくて、欲しくないものを見ている。
ロメダ　最初の話とつながってるよね。
金城　何だっけ、最初の話（笑）。
ドラゴン　好きなことをやればいいという話。
金城　そうそう。要らないものを見る癖がある。要らないものを見て、あれがあるからイヤなのよとか、あんなことがなければいいのになとか考えてしまう。
イヤなところばっかり見ていて、いいほうを見ようとしないから、イヤなほうに引っ張られる。
ロメダ　でも、それはそうなるよね。見てるんやものね。
金城　落ちたくないと思って穴を見ていると、自転車もオートバイも穴の方向にしか行かない。

酔っぱらったときに電柱にぶつかったことがあるけど、ぶつかりたくないと思ってずっと見ているから、固まって、そこにしか行かないんですよ。違うところを見れば、そこに体が勝手に行くんだけど。

人生自体、そうなんですよね。それが断捨離できたらいいと思うので、さっきの話はおもしろかった。

要らないもの、要るもの、どちらかわからないものという整理の仕方。心でそれができたらおもしろいですね。

ドラゴン　そうですね。僕、嫁さんとしょっちゅうぶつかっていたときに、「何でこいつはこうしないんだろう?」と思っていたけど、向こうも同じなわけよ。

冷静に見たら、俺らはどっちでもいいことをどっちかだと言い争っているだけなのかなと思ったら、じゃ、ほっときゃいいのかみたいな気になったんですよ。

Part 7

知ったらびっくり、痛みの正体!

痛いと思えば痛い、痛くないと思えば痛くない。全て気のせい

ドラゴン　体と心というか、最近やり方を変えたんだけど、前はどこか固まっているとか、どこか痛いというときに、そこを見に行ってたんだけど、そうじゃないところに変えたら、そっちのほうがおもしろくなってきた。

ロメダ　どういうこと?

ドラゴン　例えば腕が固まっていると言う人がいたら、そこをほぐしに行く

わけよ。

するとほぐそうと近づいて触れた瞬間に、ピッと力を入れて、かたいものをつくってくれて、ほぐすということを成立させてくれる。

だけど、ここにかたいものがあるとか何にも思わないでさわると、別にないんだよ。でも、これでほぐれていると思えば、ほぐれちゃっている。

よく思い出したのは、痛みがとれないという人がいて、どこが痛いのか聞くと、「腰のこの辺が、こういう体勢をとると痛いんですよ」と言うので、施術すると、「ああ、楽になった。でも、こういう体勢をとると痛いんですよ」と。

この体勢は、何に必要なの、そういう体勢をしなければいいいんじゃないのって（笑）。

ロメダ　痛みって、そういうものやもんね。

ドラゴン　問題に目を向けると、そうなっちゃうんですね。

例えば、肘が痛いとなったら肘ばっかり見ちゃうんだけど、全体で見て、陰陽の図を思い浮かべて、例えばどこかを固めたら、どこかを柔らかくしてないと人は動けないから、全然関係ない柔らかいところをさわったら、こっちが緩む。

下手すると、腕が痛いのだったら、腕以外のところを全部さわったらどうなるのとかさ。結局、いい感じにはなるんだけどね。

ロメダ いや、勉強になった。

ドラゴン いやいや、何言ってるの、大先生が（笑）。

ロメダ いやいや、ありがとう。

金城 たんぽぽおじさんは、もう探さないでいいからと、よく言っていた。はい、痛みがとれたでしょう、もう戻さんでいいからねって。

でも、みんな意味わからないから、数日したら、「先生、また肩が痛くなった」とか言うんですよ。

僕はずっと横にいて見ていたから、2種類あるのに気づいたんです。

1種類の人は、治ったわけでもないけど、「やってもらったら、何か軽くなったような気がする。ありがとう、先生」と言って帰る人は、1週間ぐらいしたら、「本当によくなった。治った。もう病院に行かなくて済む」と言っておみやげを持ってきたりするんです。

もう1つのタイプの人は、「大分よくなった」と言うんだけど、「でも、先生、こっちのほうがまだちょっと痛いんだけど」と言うんです。

9割よくなっても1割の痛いところを探して、ここが痛いんですけどと言って、また来る。そういう人は、またもとに戻ってしまうんです。

痛いところを探す人と、よくなったところを探す人の違いが、そのとき目の前ではっきり見えて、ああ、おもしろいなと思った。

治ってはいないのに楽になった気がするだけで喜んだ人は、本当に完治したんですよ。本当かなと、こっちが疑うくらい。

大分よくなったけど、まだちょっと残っていると言う人は、そこを気にするから、痛いほうに気持ちが行くんですよ。だから、どんどん戻ってしまう。

痛いというのは本人しかわからないじゃないですか。

4人ぐらいいるときに、おもしろい実験をしたことがあるんですよ。何キロあるかわからないけれども、同じ重さのブロックの1つだけを「はい、軽くなれ」と言って、「軽くなったから持ってごらん」と言って持たせたら、「ちょっと軽くなった気がする」と言うので、「じゃ、もっと軽くなれ」とやったら、あるとき、僕でもわかるぐらい、本当に軽くなったんですよ。

明らかに違う。すごい、すごいと喜んでいたら、1人だけ「まだ重い」と言い張ったんですよ。しまいには汗かいてやったけど、まだ重いと言い張る。「こっちとこっち、重さが違うのがわからないか」と聞いたら、「こっちより軽くなっているのはわかるけど、まだ重い」と言うわけです。発泡スチロールみたいに軽くなると思ったのかな。

要は、違いに喜んだら喜んだほうに行くのに、不満を持ったら不満の方向にどんどん行くという話をしたいんです。自分で決めた世界になると言えばいいいですかね。

結局、施術をしても、相手がそんな気持ちだったら大変だろうなと思ってしまうときがあるんですよ。

治ってしまうよりも、そのほうがリピーターになるからいいのかなと思うときもあるけど（笑）。

ロメダ　いやいや、治さなあかんよ。結局は自分で治すんやけどね。それはおもしろいね。今日はめっちゃ勉強になったな。

ドラゴン　やりとりも、そうなんだよ。

「先生、私、肩がすごい凝ってて、こんな人見たことないって、どこに行っても言われるんですよ」と言うから、「いや、そうでもないですよ」と言うんだけど、そういう人は自分でかたくするんだよね。

かたい話になっちゃうし、痛い話になっちゃう。

どれだけ柔らかくなったかというほうを見ている人と、きっちり二分する。

質問の内容が違うしね。腰が痛いと言ってやってきて、「腰はすごくよくなったけど、肩が」って、肩の話なんかしてなかったのに、そうやってどんどんつくっていくんだよ。そういう人は終わらない。

金城 体自体がそうなんだというのが僕の学びだったんだけど、結局、かたいからほぐす、かたいからほぐす。

「かたくなってますね」と言われたら、自分でもかたいと思うから、かたいと思った瞬間にかたくなる。

昔、工場で働いていたときに、流れ作業でネジを締めていくんだけど、そのネジを落としたら探さないといけないんです。

なくしたら始末書を書かなきゃいけないから、1本なくしただけで大騒ぎになってみんなで探すんだけど、そのときに、「ない、ない、ない」と言って探すんです。

今あったのを落としたんだから、この辺にあるでしょうと言って僕も一緒に探そうとしたら、「いや、ないんですよ」と決めつけるわけです。今あったんだから、フィリピンには行かない、ブラジルにも行かない、この部屋のどこかに絶対あると思うんだけど、「ない!」と逆ギレして主張するんです。

どこで落としたかわからないならあれだけど、今あったのを落としたんだから、なくなるはずはないんです。

それで、下を探してなかったら、どこかにはね返っているかもしれないということで探して、僕が見つけたことが3回あったんです。

「ない」と言った瞬間に人ははまるんだ、おもしろいなと思った。探し物をしていて、諦めたら目の前にあったということもある。

ロメダ　勉強になるなあ。

金城　そういうスピリチュアルと関係ないところが、僕は一番勉強になるんですよ。

自分に催眠術をかけているようなもので、ネジはない、ネジはない、ネジはないと思い込まされているので、目の前にあっても見えないんです。

ロメダ　見えてないのね。確かにそれはある。

ドラゴン　ないという前提で探しているから、ないままであってほしいという気持ちがどこかにある。

金城　単純に言うと、ないと思っていると、ないところを探すんですよ。それがおもしろくて、こんなことをやってきたと気づいたんですよ。人のことに気づくと、自分に回ってくるんです。

Part 8

俺の世界では病気はないんです！

健康で苦しいより、病気で楽なほうがいい??

金城　探し物だったら笑い話で済むけど、僕は25年間、お金がない、お金がないと言ってきたせいで、お金がない生活をずっとしてきたんですよ。よく考えたら、お金は地球上のどこかにあるんですよ。でも、お金がないと言っていたので、ない世界にはまっていた。それに気づいて書きたくなって、ブラック企業に勤めながら本を1冊書き上げましたけど、最近、全部そうじゃないかと思えてきた。

気休めとかじゃなくて、さっきの「適当」という話。そんなもんなんだ、心って、ここにしないとダメとかあるのかなと思ったの。

ドラゴン　解剖学をちゃんと勉強しなきゃいけないとかみんな言うけど、俺らは医者じゃないから、筋肉とか骨にさわることはないのよ。

さわることがないものを考えることはやめようと思ったの。

骨は二百何本、筋肉は六百何個あるわけで、そんなのを覚えてられない。僕らがさわるのは皮膚までで、皮膚は1枚だから、こっちにしよう。そう思って単純にしたのね。

皮膚だけで読んでいったら、リアルに触れ合うものだし、簡単だから、誰にでも伝えられるし、自分でも覚えやすいからと思って変えたら、見方が大分変わってきた。

筋肉がどうこうと言ったって、結局、推測なんだよね。ここの奥の何とか筋が傷んでますねと言ったって、本当は切らなきゃわからないし、切っていく過程でまた狂っちゃうから、これって、もしかしたら証明できないことなのかなと思ったんですよ。

それだったら、痛いのを消すのじゃなくて、とりあえず楽になってもらおう。そこは似てるんだけど、楽になればいいんじゃないのと。

いろんな医療が発達しているけど、病気はなくならないじゃないですか。

病気だけど楽になったらよくない？　みたいな、世間には叩かれそうな感覚になってきた。健康で苦しいより、病気で楽なほうが、もしかしたらいいんじゃないか。

金城　病気と幸不幸は関係ないというか、病気だから不幸だというのは、その人が不幸だと思っているからじゃないかと思うんですよ。病気になってない人にはわからないのよと言うかもしれないけど。

ドラゴン　渦中にはまると、なかなかね。

金城　最初に5次元という話をやっていたときに、5次元には悩みも病気もないと言ったら、結構突っ込まれたんですよ。

そんなことを言ってもあるじゃないか、病人は幾らでもいるし、どこが5

次元なのという話になっていったんだけど、今、ドラゴンさんが言っていたから、そうだよなと思った。

俺の世界では病気はないんですよ。俺がこんな世界をつくりたいというのが5次元で、わざわざ病気をつくりたいと思わないから。病気が好きな人がいるじゃないですか。

その人の世界には病気がある。だから、気のせいと言いたいんですけどね(笑)。

ドラゴン　病気は気だから、きっと気でつくっているよね。

ロメダ　気というか、イメージよね。

ドラゴン　気をつけると言うじゃないですか。何の気をつけたかで、きっと別物になっちゃうんだね。今は、危ないから気をつけてとか、違う意味になっている。

うまく説明できないけど、何か違うと思う。

気をつけての逆が、気を抜いただろうから。気を抜いたら空っぽになっちゃう。見えない何か。断捨離すると、空間に気がはいる。

金城　断捨離って、気なんだよね。結局、風水ですよね。

俺、風水って意味がわからなくて、何だろうと思って、とっても簡単な言葉で説明してほしいと思ったんだけど、ネットで調べたら、風と水の流れと書いてあったから、ああ、そうかと思って、それだけでオーケーなんですよ。それだったらわかるという感じ。

一々難しい本を読まなくても、風と水の流れねという感じ。気って、流れじゃないですか。なるほどなと思って、要は、モノにどんな気があるかですよね。

「1個欠けたら、全部捨てなさい」byたんぽぽおじさん

金城　また断捨離の話になるんですけど、流れが悪いものを置いているからもったいないという話を、さっきしたかったんですよ。まだ使えるし、捨て

るのはもったいないと、どうしても思ってしまう。

でも、これは昔から言い伝えがあるらしいけど、ペアのカップとかお茶碗とか4個セットの食器は、1個欠けたら全部捨てなさいと、たんぽぽおじさんにも言われたんです。

昔の人はモノを大切にするから、普通は1個欠けても置いとくけど、1個欠けたら全部捨てなさい。これ、まだ使えるから、別ので使ったほうがいいんじゃないですかと言ったら、そんなのじゃないんだよと、相当怒られたことがあるんですよ。

今考えると、気の流れが変わるんじゃないかなと思う。

ドラゴン　きっと4つでひとかたまりなんですね。

金城　ペアのマグカップだから楽しいわけじゃないですか。

1個欠けたら、楽しいという気じゃなくて、寂しいという気になるんでしょうね。寂しい気をずっと置いておくということになる。

ロメダ　イヤだね。考えたくもない。

金城　例えば、洋服を気に入って買ったら、そのときはとてもキラキラして、いい波動ですよね。

でも、その服を着て行ったときにイヤな思いをして、その服がイヤな思い出になったから捨てたという人がいたんですよ。

その人は服とかモノよりも自分の気を大切にする人だから、モノじゃないんですよ。昔の人からすると、もったいないとか、モノを大切にしなさいという話になるんだけど。

僕も、まだ使えるのにとか思っていたけど、結局、それがせきとめて、新しいものが入ってこない。古い気のまま、古い出来事になる。

もったいないというのだったら、たんぽぽおじさんは年を取っていますから、時間のほうがもったいない。モノにこだわるよりも、とっとと断捨離でも何でもして、早くいい気を吹き込んで、早く楽しくさせてあげたいという思いがあったから、モノよりもそっちのほうが大切と思ったことがあるんですよ。

モノはお金で買えるけど、時間は買えないから、時間のほうが貴重だった。それで、もったいないという概念が変わったんですね。何がもったいないか。中国か韓国の映画を見ていたら、昔の王様が病気になると、ちゃんと医者もいるんですけど、風水師という人が、この花瓶があると気の流れが悪くなるから捨てて、かわりにあの植物を持ってきてとか言って部屋の中を変えるんです。

それから、南のあそこに何か植物を植えなさいとか言うんです。それで気の流れをよくすると、病気が治る。

現代医学からすると、そんなので病気が治るのかという感じだけど、あの映画を見たときに、本当に気のせいなんだと思った。

ドラゴン　人間はこのサイズだけど、周りは全部気だから、そっちのほうがでかいんだものね。きっと部屋の中を変えたほうがいいよね。

Part 9

老眼と近眼と気の秘密

大山《だいせん》に行ったときに、不思議な何かが体を通り抜けたら老眼が治った

ロメダ　僕が自分で治したんじゃなくて、勝手に老眼が治ったんですよ。

僕はすごく目がよくて、遠くの山の峰に生えている木の枝の1本1本まで見えていたんだけど、38歳ぐらいで老眼になって、問診票が見えなくて虫眼鏡で見ながらやっていたんです。

米子に出張に行ったときに、大山という山に連れていってもらったんです。

そこの牧場から見ると、大山はちょうど富士山みたいな形をしているの。大山の山頂に雲がシュッとできて、それが風に流されて、だんだん薄く大きくなっていく。場所はちょっと違うけど、「出雲《いずも》」というのは本当に出る雲なんやなあと思いながら山頂を眺めていたら、その上に、山頂と同じぐらいのサイズの、ビニール袋に水を入れたような感じで向こうが透けて見えるボヨヨンとしたのがあったのね。

何や、あれ、と思っていたら、それがブン、ブン、ブンと大きくなってきたの。でも、でかくなっているんじゃなくて、近づいてきてたのね。そのボヨヨンとしたのが、バーンと僕の体を通り抜けていったの。

金城　酔っぱらっていたわけじゃなくて？

ロメダ　しらふ、しらふ。大山Gビールというおいしいビールがあって、その工場に連れて行ってもらう予定で、その前だったから。

それが通り抜けていったら、足から首のあたりまでビリビリビリッとしびれてしまって、一瞬感覚がなくなったんです。周りには人がいっぱいいるからさ。最初はおしっこをもらしてへんかなと思って、ちょっと見たら、大丈夫だった。

そのうち感覚が何となく戻ってきて歩いたら、ホワーン、ホワーンと歩いているように思ったの。でも、後で聞いたら、普通に歩いていたらしい。

そんなこと経験したことないし、大山は怖いと思って、お願いだからホテルに帰してと言って、そのままホテルに帰ったんやけど、ムクムクッとビールを飲みたくなって、近くの居酒屋に行ったんです。

その店にポスターが貼ってあって、ちっちゃい字で何か書いてあったんだけど、その字が見えたのよ。それで、100円ライターの後ろに書いてある字を見てみたら、それも見えたので、オッ、見える！　と思って、びっくりした。

金城　今まで見えなかったのが見えるようになったの。

ロメダ　グレーのしみにしか見えへんかったのに。その日を境に老眼が治った。

金城　治るってあるの。

ロメダ　治った。でも、帰りのクルマで、高速道路のでかい標識が見えへんのよ。近眼になってしまってさ（笑）。それで眼鏡を慌ててつくりに行った。今は近眼よ。遠くが見えへん。それで、3年前から、また徐々に老眼になってきた。

金城　俺は右目だけ老眼なんだよ。

ロメダ　それは頭がゆがんでるのと違うかな。そんなふうに思わんほうがよかったんだよね。右だけ、近くは見たくない。

20歳ぐらいのときにマクロビオティックをやっていて、俺はアホやから、陽性も陰性も両方大事やのに、イメージで陽性がいいと思い込んでいて、体を締める陽性のものばっかりとっていたのよ。

例えば、クリスマスのころでみんなが寒いと言っているときに、長袖Tシャツ1枚で、ああ冷たくて気持ちいいとか言ってたのよ。そしたら、目ん玉がどんどん縮んできた。それが老眼よ。膨らんできたら近眼になる。

それで早いときに老眼になってしもたんやけど、山で下からビリビリときたということは、地球が膨らむ力は陰性の力やから、目ん玉がブーッと膨らんで、老眼は治ったけど近眼になったんじゃないか。

でも、そいつが何なのかはわからへん。怖いよー。変なものをジーッと見てたら、何が起きるかわからへんよ。気いつけとかんと。老眼が治ったからよかったけどさ。

——じゃ、陰の気質が強い人には、陽のエネルギーを送ってあげれば、それだけでうまくいくんですか。

ロメダ　陰の体の人は心が陽になっているし、グワーッという人がノミの心臓やったり、バランスがとれてるんやと思う。何かになったときに、そういう感じでええんと違うかな。

Part 10

体のゆがみと心の超秘密

ウサイン・ボルトは背中がS字に曲がっているから速い!?

ドラゴン　最近思ったのは、整体の場合、真っすぐがいいという思い込みから始めるけど、ゆがんでいる人はゆがんでいてちょうどいいんだよね。
　そういうふうに見ると、全然違う。

ロメダ　何でゆがます必要があったか。最終的には心になる。

ドラゴン　僕は、体の側の声というか、意見というふうに見方を変えたんです。

かたかったら、体の側の意見としては固めたくて固めている。それをこっちの理屈で、おまえが固まっているから悪いと言ってほぐすのは、体側からしたら、何でそんなことをするのかという話になる。

どこか固めているのが意見なのねと思って探すと、どこか緩んでいるから、緩んでいるところを同じように緩めてやると、固まっているところとちょうどバランスがとれる。

やっていてそういうのがだんだん出てきているんだけど、それでちょうどよくしている何かがきっとあるんだろうね。

ロメダ　それをあの布でくるんでやってるの。

ドラゴン　くるまなくても一緒なんだけど、それぞれのバランスがあるのかなって。

ウサイン・ボルトは側弯症《そくわんしょう》が結構ひどいみたいよ。背骨がS字に曲がっちゃってる。真っすぐだったら、もしかしたら速くなかったかもしれない。

ロメダ　そうね。だから、生まれつきのやつは、そのままで、治さなくていい。

ドラゴン　真っすぐが正しいと思い込んでいるだけで。でも、現実を見たら、人それぞれ、全部違うでしょう。

真っすぐが正しかったら、みんなが同じものになってしまう。それは意味がないんだよね。

ロメダ　鉛筆が並んでいる景色が思い浮かぶ。

ドラゴン　それでどうすんねん。紙がなかったら成立しないじゃん。僕はそういうちょっと変わった見方になってきているんだけど。

Part 11

墨一滴落としても龍だと言ったら龍になる!

ドラゴンつよしの龍の絵の奥底の秘密

金城 僕はドラゴンさんの絵にとても興味があるんですけど、あれは何か見えたのを描いてるの?

ドラゴン 僕、前は自由に描いていたんだけど、いろんな龍を描くと、あの人の龍は上向きなのに、何で私の龍は下向きなのとか言われて結構面倒くさいことになるので、今はきっちり同じ形で描いているんですよ。

半々か3分の1ぐらいかな、このぐらい描いたら次はこのぐらい見えてくるみたいな感じで、きっと文章と同じだと思う。描いていくうちにできてくる。描いたら描けちゃったという感じで、文章とすごく似ていると思う。

もともとは、路上詩人にはいろんなスタイルの人がいるから、オリジナリティーを出そうと思って、沖縄らしいものは何だろう？

沖縄は琉球、琉球と言えば竜宮城、龍だ。

でも、冷静になって考えてみると、別に浦島太郎の話に龍は出てこないし、竜宮城に龍なんかいないんだよね（笑）。でも、そのときは関連していると思って、描こうと思った。

金城　それからドラゴンさんと言われるようになったんだ。

ドラゴン　まあそうなんですけどね。

それで龍を描こうと思って、ネットとかの絵をプリンアウトしてまねして描いていたんだけど、イライラしてくるんだよね。

ウロコはいっぱいあるし。こんなもん、ストリートで描けるか、もういいやと思って、ふてくされて横になっていたときにポンと浮かんだのが、龍は犬とか猫みたいに決まった形じゃないんだから、龍だと思って墨を一滴落とせば、これも龍ですみたいな感じで、じゃ、描けるかなと思った。
　その間もいろいろ不思議な事があったんだけど、描いてみようと思って描いたら、見たことないやつが描けたんです。でも、大体それは龍だよって感じ。自分の中では、何となくこういう線を引いて、ここに目を描いてという感じ。

金城　大体、龍。

ドラゴン　そう。そもそも龍って、いないじゃないですか。世間には見える人もいるけど、こうだと決まっているわけじゃないんだから、これで龍ですと言ったら龍なのよ。
　あの龍は正しくて、あれは間違っているというのはないはずなのよ。だから、誰でも描ける。それをたまたま龍だと定義したわけです。

ロメダ　あれ、どう見ても龍よね。

ドラゴン　一応ね（笑）。龍って、不思議だよね。

いないはずなんだけど、世界中で一応いる。

金城　何で龍がそんなに人気なのかと思ってさ。

ドラゴン　僕はたまたま描いているだけで、別に入れ込んでいたわけでも何でもない。

ロメダ　それが名前になってしまった。カンフーの人みたいだね。

ドラゴン　もともとはドラゴンと言ったらブルース・リーが浮かぶぐらいで、絵の龍には全然興味がなかったんだけど、何となく沖縄っぽいかなと思って描き始めたら、お客さんが教えてくれるんだよね。

例えば、自分の中で浮かんだものは5本指だったから、そのまま描いていたら、ユタ（沖縄の霊能者）のお客さんから「5本指の意味、知ってる？」と言われて、「エッ、5本じゃないんですか」と言った後で、そう言えばラーメンのどんぶりの絵の龍の指が3本で気持ち悪かった覚えがあるなと気がついたんですね。

諸説あるらしいけど、中国の龍は5本指で、沖縄は4本、日本は3本で、中国政府が沖縄は5本指を使っていいと言ったらしいけど、いや、遠慮しておきますと言って4本にしたという話もある。

金城　沖縄では、もともと水の神様を祀る風習があるんですよ。でも、水は水なので、神様を祀ると言っても、祠《ほこら》に水を入れてもぴんとこないというか、わかりづらいということで、水の象徴として龍を使い始めたという話もあるんですよ。

ドラゴン　僕が何をこういう形にしたのかというと、最初に浮かんだのが水だったのね。海水が水蒸気になって上がっていって雲になって、また水になって降りてくる。循環しているんだなと思って。特に雲とか川の流れはそういうふうに見える。

金城　僕、水だったら興味があるんですよ。

25年前におやじが末期ガンになったときに、もし治るのならと思ってたんぽぽおじさんのところに話を聞きに行ったら、「あんた、目をつぶって、ここに座ってごらん」と言って、何かやり始めたんです。

後ろに回って祝詞《のりと》みたいなのをあげて、「はい、もう大丈夫よ」と言うから、「いや、僕じゃなくてお父さんがガンなんだけど」と言ったら、「もう伝授したから、あんたが治しなさい」と言うんですけど、自分がですかという感じじゃないですか。そんなのやったこともないし。というか、そんなのに興味がないときだったから。

でも、「大丈夫よ。あんたには龍の神様がついているから、龍をイメージして、背中から手をかざすだけでいいよ」と言われたんですよ。

そのときはぴんとこなくて、龍の神様がついているからと言われても、だから何？　という感じだった。

今だったら、龍がはやっているから、俺、龍がついてるんだ、すごい、と思うけど、25年前はそんなにはやっているときじゃないから、何で龍なんだろうという感じだった。

龍は神様の乗り物だと言っていたので、何だ、乗り物かよって（笑）。俺、乗るほうじゃなくて乗せるほうなんだみたいな感覚しかなくて、あまりうれしいと思った印象はなかった。

でも、龍は水の神様だと聞いたときに、水だったらわかるという感じだったんです。

「水五訓」というのを読んで、水のように生きたいと思ったことがあるから、水と言われるとうれしいんですよ。


ロメダ 俺、龍の写真撮影したことがある。

京都の山のお寺に龍神池という池があって、そこは入り口に立入禁止と書いてあるのね。クマとかヘビとか出るからダメと書いてあるんだけど、ヒョイと乗り越えて、ずっと行くと龍神池というのがある。

肉眼で見てたら、ただの池なんやけど、写真を撮ったら写ってたの。水面から、ネッシーの首みたいな紫色のがニューン、クルンとなっていて、目のところが緑色にピカーンと光ってた。

余りにも透けているから気づかへんかったけど、同行していたヒトが「これ、龍、ちゃうの」と言うから、よく見たら、ニューン、クルンって、龍の形をしてた。

ドラゴン　昔の人は、それで龍神池という名前をつけたのかもしれないね。

ロメダ　あれはたぶん素の形で、見せるときにはオリャーとかっこつけて（笑）。ふだんは、トゥルーンとして、透明で見えへんのよ。でも、紫色で、目は緑に光ってた。でも、肉眼では見えへんし、アナログじゃ写らへんかもしれない。デジタルカメラやったから。

ドラゴン　目では見えないけど、携帯越しだと写るって言うよね。

——ＵＦＯセミナーをやると、肉眼ではわからなくても、ビデオにはチョロチョロッと光が映っていることがあります。

梅田で写真を撮ったらＵＦＯが写っていた

ロメダ　ＵＦＯも来よるよね。『プレデター』という映画、知ってる？透ける鎧《よろい》みたいなのを着てる。あんな感じで、ボヨンとおるのに向こうを

映してるというか。それが梅田で撮った写真に写ってたの。
空中に光がピッピピッピッと3つ写ってたから、拡大して拡大して拡大したら、ドーナツを縦にしたみたいな形で、真ん中が光ってるの。でも、明らかに周りの空の色と同じ色をしていたから、あいつら、化けとるねん。

ドラゴン　いろんなところにいるのかもしれないね。

ロメダ　いる、いる。絶対いる。この辺にも誰かいるよ。

金城　小さいおじさん。

ドラゴン　たまに隠れ切れないショボイのがいる。

ロメダ　写ってしもうたというのがおるよ（笑）。

金城　見えてないだけだ。

ロメダ　そう。肉眼はショボイみたいで、デジタルカメラやったから見える。
空中のキラキラがあるやん。見たことある？

金城　何、それ？

ロメダ　目まいがしたときに、チカチカチカチカとなるやん。ああいうのが空にいっぱいチカチカチカって飛んでんのよ。森に行ったら気持ちわるいぐらいブワーッとおるんやけど、電気街とかに行ったらショボーンとしかいいへん。あれは気だと思う。

あれを食べる人がいてさ、飲み屋に行ったときに、プロ野球の二軍か何かまで行った人が横で飲んでて、何か知らんけど、その話になったら、「アッ、知ってる」と言って、マウンドで緊張して、もうあかんというときに、キラキラがいっぱい見えて、それを食べたんだって。「あれは食べるもんや」と言ってた。もしかしたら、あれ食べたら、メシ要らんかもしれない。

金城　昔からそう言うじゃないですか。

ドラゴン　不食の人はそうかもしれないね。

金城　仙人は、そんなのを食べている。

ドラゴン　霞《かすみ》を食うって言うものね。

――不食の先生方は「プラーナ」という言い方をしていますね。

Part 12
羽ばたいちゃえ！不思議が当たり前になった世界へ！

『喜びの真法』は龍のイメージ

金城　『喜びの真法』で「目神」のところを書きたいと思ったのは、やっぱり龍のイメージがあったんですよ。実は今度のヒカルランドさんのセミナーで、この本ができたいきさつというか、裏話を話すつもりなんです。

本当は目の話だけで書きたかったんだけど、どうしてもそのつながりで、『わたしは王』、『目の真力』、『喜びの真法』という流れなんですよ。

みんなが喜ぶ言い方をすると、雷が落ちてきたようにビリビリビリビリビリという感じなんですよ。ウワーッとなった瞬間に、たんぽぽおじさんから「そのウワーッを書け！」と言われたんです。

自分の話は一切出すなと言われたので名前は出してないんですが、実はきっかけとなったのは、たんぽぽおじさんに言われたその一言です。

ウワーッとなった瞬間に、映像的に宇宙の果てまで行ったイメージだったんですよ。龍の手が千手観音みたいにいっぱいあって、その握っている1つ1つが全部宇宙という感覚で、宇宙って1つじゃないんだって。それを書けと言われて、そんなのわかるかという感じだった。

たんぽぽおじさんは細かく指導しますから、「その変な訛《なま》りは直せ」とも言われた。僕は標準語で書いているつもりだけど、沖縄特有の言葉で書いたりするから。

元に戻る!?
琉球スピリットは未来を先取りしている!?

金城　笑い話でよく言われるのは、電話をしていて「じゃ、今から来るよ」と言うんですよ。誰が来るのという話だけど、沖縄では自分が行くときに、「行くよ」じゃなくて「来るよ」と言うんです。「今、来るから待っててね」とか。

ロメダ　相手の立場に立ってるね。おもしろい。俺も言ってみよう。

ドラゴン　僕も移住したばっかりのときに、「今から来ていいですか」というメールが来て、これはどっちの間違いなんだろうと思った（笑）。

金城　それは笑い話になるぐらいだからもうわかっているけど、それ以外にも「これは沖縄限定」みたいな言い方がいっぱい出てくるので、編集者の方は苦労していると思います。

——はい、それはもう（笑）。1冊目は大変でした。でも、2冊目からは

「こういうキャラの方なんだ」とわかって、のびのびやっております（笑）。

金城　沖縄に赴任したばかりの人が先輩と飲みに行って、先輩が用事があるから先に帰るんだけど、「じゃ、ぼちぼち帰りましょうね」と言うものだから、後輩は自分も一緒に帰るんだと思って帰っていたけど、1年たったころに、沖縄の人は自分が帰ることを「帰りましょうね」と言うと、やっと気づいた。

ロメダ　それはわからへん。「帰りましょうね」と言われたら、「ハイッ!」と言ってしまうよね。

金城　後輩は「何で俺まで帰らないといけないんだろう?」とずっと思っていたらしいけど、先輩は先輩で「こいつは何でいつも一緒に帰るんだろう?」と思っていた、と（笑）。

向こうから来ると、びっくりするらしい。「じゃ、ぼちぼち仕事しましょうね」と言うから、自分たちも手伝わないといけないということかなと思ったら、「いや、あんたには聞いてないよ」って。「仕事しましょうね」というのは、「仕事をしますね」という意味なんです。

ロメダ　今でもそうなの？

金城　そうです。これが普通ですね。これは直らない。

ドラゴン　でも、だんだん薄くなってきた。子どもたちを見ていると、使ってないんだよね。だから、だいぶ消えてきている。

金城　変な丁寧語だから、おかしくなるんですよ。今の子どもたちは、丁寧語とか敬語とか使わないから、合わせないといけないと思わない。

僕の時代は目上の人に合わせないといけないと思っているから、丁寧語を使う。「帰りましょうね」というのは丁寧語なんです。同級生同士だったら、「帰るね」とか「お先ね」と言う。

具志堅用高《ぐしけんようこう》さんがインタビューで「ボクシングをやってなかったら何をしてましたか」と聞かれて「ウミアッチャーしてた」と言ったら、「ウミアッチャーって何ですか」と聞かれて、丁寧に答えなきゃと思って、「海を歩く人です」と言ったらしいんです。

ドラゴン　ウミアッチャーというのは漁師のことです。

金城　海に通う仕事だからウミアッチャー、畑に通う人はハルアッチャー。アッチャーというのは「歩く」という意味で使うんだけど、それをそのまま標準語にして「海を歩く人」と言ったから、インタビュアーは「海を歩けるんですか」って、びっくりした。

ロメダ　それであの人はおかしいキャラになっているけど、ほんまはそうじゃないんだよね。

金城　最初は普通に答えているのがみんなに通用しないし笑われるから、ハッと思ったかもしれないけど、たぶん後半は、こういう言い方をしたらみんなが喜ぶと思って、わざとやっていると思う。

琉球スピリット　弥勒世（ミルクユー）

金城　これはどんな本になるの。ただおしゃべりしただけなんだけど。

ドラゴン　タイルトは、「何になるのか」（笑）。

ロメダ　それはすごいね。

金城　不思議な話が不思議じゃなくなるというのを僕は言いたかったんですけどね。

――3次元の物質が優位な状態と、金城先生が言っている5次元のはざまの話を、今日はすごく聞けたなという気がするんですね。

金城　今だから楽しめる話なんですよ。100年後になったら当たり前過ぎて、だから何？　という話じゃないですか。

でも、実際、沖縄では似たような感覚があるんですよ。こっちだと、見えないものが見えるとか、霊能者というと、すごいという感覚だけど、沖縄では、見えると言われても、フーンという感じなんですよ。

あの人はサッカーをやっている人なんだ、あの人は整体ができる人なんだというのと同じで、この人は見えるんだ、いいねという程度で、すごいという感覚がないんですよ。

今日はいろいろ不思議な話をしたじゃないですか。たんぽぽおじさんの話も含めて。今は不思議だから楽しいけど、不思議じゃなくなるということを僕は言いたいんです。

ドラゴン　スマホが普及しちゃったみたいになるということね。

金城　例えば100メートル競走でも、誰かが記録を突破すると、どんどんいろんな人が突破してくるのと同じように、壁を突破したら、みんな突破してくるんですよ。

　最初の壁を突破していく人たちがいろいろ見えてくるようになったり、聞こえたりするようになる。一般の人からすると、そんなのが見えるんだって感じでうらやましくて、自分も体験したいと言う人が出てくると思うけど、壁がなくなったら、みんなそうなる時代になる。どんな壁があるかというのだけが問題で。

　そんなの見えるはずがないと思っているから、僕はずっと見えないんですよ。でも、見える人は見えるじゃないですか。それはウソじゃないと思う。

その人は見える人、僕は見えない人。でも、見えない人と決めたから見えないだけで、見えるのがすごいという話じゃなくて、その先の話なんですけどね。そういう世界になったときに、すごくおもしろい世界になるという話。

ロメダ　見えるのが当たり前になった世界。

金城　琉球スピリットというのを言いたかったんです。そうじゃない世界からそうなっていくんじゃなくて、もともとそうだった世界が、そうじゃなくなっている。

ロメダ　もとに戻るんだ。

金城　もとに戻るだけ。もともとはそうだったんですよ。それを沖縄では昔から弥勒世（ミルクユー）と言うんです。弥勒菩薩《みろくぼさつ》とは関係ないといいますけどね。ミルク神。

ドラゴン　神様扱いだもんね。

金城　その時代は、見えない世界も見える世界も同じ世界だった。草も動物も人間も同じように会話していた天国みたいな感じの世界があって、今にな

っている。

これもまた意味がありますけど、そこからまたもとに戻っていくという感覚。

この感覚と、全く何もないところから進化して、進化して、進化して、将来は5次元になるという考え方では全然違ってくると言いたいんですよ。

そうなるんじゃなくて、もともとそうだったということだけわかれば違うんだけどなというのが琉球スピリットなんですよ。

もともと人間はそういう能力があるのに、できないと、無理やり壁をつくってしまっている。

自分は心の世界の話をするときは、できない世界とかを見ているのに、体に関しては、まず勉強しないとわからんし、それをやった人じゃないと治らないと思っているから、「適当でいい」というのは、とっても斬新なんですよ。

ああ、そんなもんなんだとわかってくれれば、みんな治ると思うんだけど、いや、そんなことはないと壁をつくっている人には難しい治療をしないと治らない。

少しでも壁がとれてくれたらなという話ですよ。何かを教えるとかじゃなくて、そんな世界があるんだというのをわかってもらえたらなあというのが一番の目的です。

――この本に触れた方が、そんな世界があるんだというところから広がっていく感じはすごくするんですよね。

金城　そんな世界があるんだと喜べる人は、その人が思っている世界に行ける。それを世の中に証明していくとかじゃなくて、そんな世界があるんだと喜んだ人から楽しい世界になっていけばいいと思うんですよ。「気のせい」だから。

ロメダ　まとまったね。タイトルは「気のせいだから」になるかもしれない（笑）。

（了）

＊プロフィール（冒頭ページ参照のこと）

気のせいだから
あなたの強制全捨離引き受けます

第一刷 2020年4月15日

著者 金城光夫
ドラゴンつよし
ロメダ アンドウ

発行人 石井健資

発行所 株式会社ヒカルランド
〒162-0821 東京都新宿区津久戸町3-11 TH1ビル 6F
電話 03-6265-0852 ファックス 03-6265-0853
http://www.hikaruland.co.jp info@hikaruland.co.jp

振替 00180-8-496587

本文・カバー・製本 中央精版印刷株式会社

DTP 株式会社キャップス

編集担当 加藤弥絵

ISBN978-4-86471-867-7

神楽坂♥《ハート》散歩
ヒカルランドパーク

「気のせいだから」出版記念セミナー

講師：金城光夫・ドラゴンつよし・ロメダ アンドウ

金城光夫

ドラゴンつよし

ロメダ アンドウ

あれもこれも全部気のせい！？

不思議が当たり前になるこれからの時代をまさに生きていこうとするみなさまへ。最先端を行く本書著者の金城光夫先生、ドラゴンつよし先生、ロメダ アンドウ先生がヒカルランドパークに集結します！

東京ではなかなかお会いできない先生方に、一度に直接お会いできる貴重な機会です。先生方が見せる無邪気に好きに生きる姿が、みなさまがまだ握りしめている不要な概念をきれいさっぱり強制断捨離！

笑いながら、ぜ〜んぶ「気のせい」に！

日時：2020年8月15日（土）　開場 12：30　開演 13：00　終了 16：00
料金：8,000円
会場＆申し込み：ヒカルランドパーク

ヒカルランドパーク
JR 飯田橋駅東口または地下鉄 B1出口（徒歩10分弱）
住所：東京都新宿区津久戸町3－11 飯田橋 TH1ビル 7F
電話：03－5225－2671（平日10時－17時）
メール：info@hikarulandpark.jp　URL：http://hikarulandpark.jp/
Twitter アカウント：@hikarulandpark
ホームページからも予約＆購入できます。

琉球ドラゴンアート（虹龍・白龍・金龍）

“ドラゴンアート”は、あなたに龍と言葉を描く、
“世界でひとつだけのメッセージアート”です。
大切な方への贈り物や
大切な自分自身へのプレゼントに、
大変喜ばれています。

■ A４サイズ（B４サイズ額入り）
■ 15,000円（税・送料込み）

A 虹龍

B 白龍

C 金龍

まずは《A．虹龍》《B．白龍》《C．金龍》の中から、
いずれか１種類をお選びいただき、
さらに背景の御魂カラーを５種類からお選びください。

① 紫

② 青

③ 緑

④ 黄

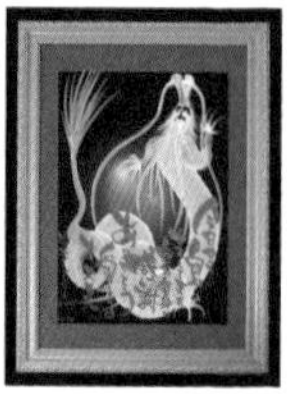

⑤ 赤

★制作／発送には、１～３週間ほどいただきます。（お急ぎの場合はご相談ください。）
★アート内のメッセージは、作者がインスピレーションにてお描きします。
★手描きゆえ、色合いや形には多少の個性が生じます。あらかじめご了承下さい。
★そのほか、「ギフト用」「ドラゴンを２頭以上・描き入れてほしい（※追加料金あり）」等のご相談も承ります。

「開運ドラゴン名刺」「琉球ドラゴンアート」に関するお問い合わせ等は
ドラゴンつよし
メール：ryukyudragonart@gmail.com　TEL：090-1550-3413
お問い合わせの際は、「ヒカルランドの書籍『気のせいだから』を見た」とお伝えください。

＊ご案内の価格、その他情報は発行日時点のものとなります。

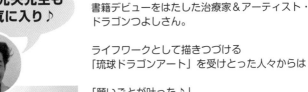

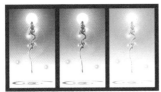

中川　実

シータプラスの開発者。

柔道整復師、鍼灸師、指圧師、読脳セラピー国際講師などの顔を持ち、施術家として30年間活動。「氣の流れ」が見えるようになり、不調の原因が単に肉体的なものに由来せず、生育環境や家系、過去生などさまざまであることに気づく。それぞれの根本治癒と、人類全体の絶対幸福を実現させるために、約5年間を研究と試行に費やす。人間の生体エネルギーが、手足の指先を通じて宇宙と繋がっていることに着目し、高波動エネルギーを発するマニキュア「シータプラス」の開発に成功。スポーツアスリートや、身体機能が低下した高齢者などのパフォーマンスアップに極めて有効であったことから、全国から誘致を受けてその普及に努めている。

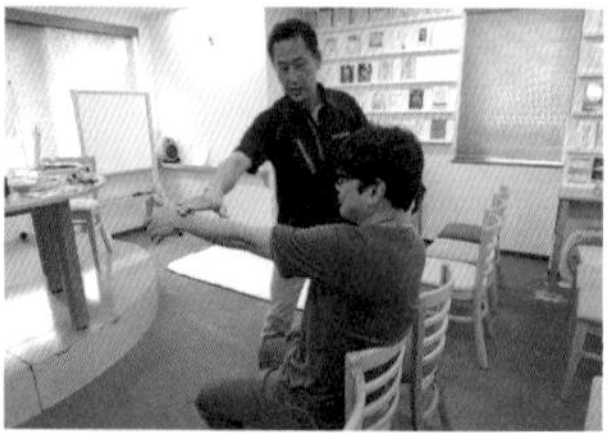

中川先生がリーディングしながら、その方に合わせた施術をします。

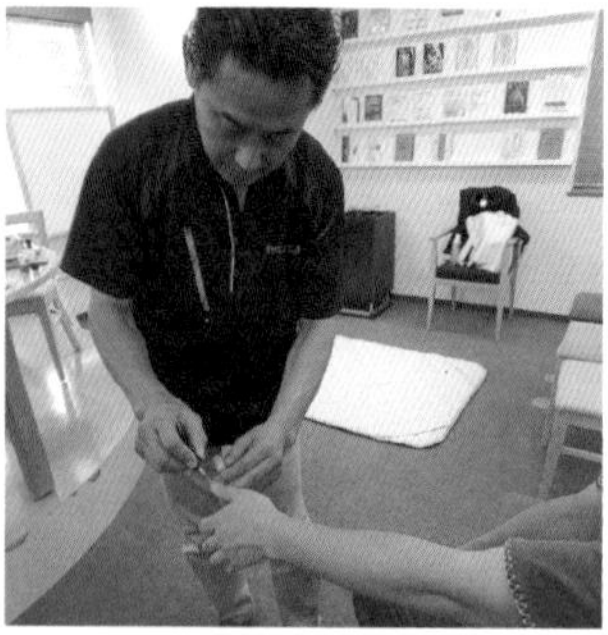

エネルギーが入るべき指にシータプラスを塗り、生命の幹を整えます。

一瞬で宇宙と繋がるシータプラス！

爪は健康状態を映し出すと言われていますが、それと同時に、見えない宇宙生命エネルギーの入り口でもあります。手足の指から入った宇宙エネルギーは上肢・下肢を上行し、内臓、脳などに到達して身体全体を養います。では、エネルギーが滞ってしまったらどうなるのでしょうか？　各指から入るエネルギーの流れに沿った筋肉の機能が低下し、力が入りにくくなります。内臓の機能も低下するため、体の不調の原因にもなってしまうのです。

シータプラスには、中川先生が選び抜いた数々のエネルギー物質が融合し、そのバランスを整えて注入されています。

男女問わず塗ることができるシータプラスで、宇宙エネルギーを身体に取り入れ、本来の軸を取り戻し、心身ともに健康な毎日を過ごしましょう！

＊ご案内の価格、その他情報は発行日時点のものとなります。

★《AWG》癒しと回復「血液ハピハピ」の周波数

生命の基板にして英知の起源でもあるソマチッドがよろこびはじける周波数を
カラダに入れることで、あなたの免疫力回復のプロセスが超加速します！

世界12カ国で特許、厚生労働省認可！　日米の医師＆科学者が25年の歳月をかけて、ありとあらゆる疾患に効果がある周波数を特定、治療用に開発された段階的波動発生装置です！ 神楽坂ヒカルランドみらくるでは、まずはあなたのカラダの全体環境を整えること！　ここに特化・集中した《多機能対応メニュー》を用意しました。

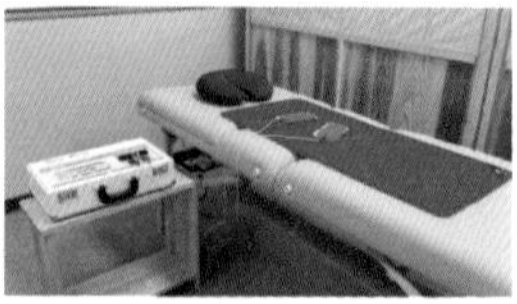

A．血液ハピハピ＆毒素バイバイコース
　（AWG コード003・204）　60分／8,000円
B．免疫 POWER UP　バリバリコース
　（AWG コード012・305）　60分／8,000円
C．血液ハピハピ&毒素バイバイ&免疫 POWER UP
　バリバリコース　120分／16,000円
D．水素吸入器「ハイドロブレス」併用コース
　60分／12,000円
E．脳力解放「ブレインオン」併用コース　60分／12,000円
F．AWG プレミアムコース　9回／55,000円　60分／8,000円×9回
　※その都度のお支払いもできます。

※180分／24,000円のコースもあります。
※妊娠中・ペースメーカーご使用の方にはご案内できません。

AWGプレミアムメニュー

1つのコースを一日1コースずつ、9回通っていただき、順番に受けることで身体全体を整えるコースです。2週間〜1か月に一度、通っていただくことをおすすめします。

①血液ハピハピ＆毒素バイバイコース　②免疫 POWER UP バリバリコース
③お腹元気コース　④身体中サラサラコース
⑤毒素やっつけコース　⑥老廃物サヨナラコース

★音響免疫チェア《羊水の響き》

脊髄に羊水の音を響かせて、アンチエイジング！
基礎体温1℃アップで体調不良を吹き飛ばす！
細胞を活性化し、血管の若返りをはかりましょう！

特許1000以上、天才・西堀貞夫氏がその発明人生の中で最も心血を注ぎ込んでいるのがこの音響免疫チェア。その夢は世界中のシアターにこの椅子を設置して、エンターテインメントの中であらゆる病い／不調を一掃すること。椅子に内蔵されたストロー状のファイバーが、羊水の中で胎児が音を聞くのと同じ状態をつくりだすのです！　西堀貞夫氏の特製 CD による羊水体験をどうぞお楽しみください。

A．自然音Aコース「胎児の心音」　60分／10,000円
B．自然音Bコース「大海原」　60分／10,000円
C．「胎児の心音」「大海原」　120分／20,000円

神楽坂ヒカルランド
みらくる
Shopping & Healing

神楽坂《みらくる波動》宣言！

神楽坂ヒカルランド「みらくる Shopping & Healing」では、触覚、聴覚、視覚、嗅（きゅう）覚、味覚の五感を研ぎすませることで、健康なシックスセンスの波動へとあなたを導く、これまでにないホリスティックなセルフヒーリングのサロンを目指しています。ヒーリングは総合芸術です。あなたも一緒にヒーリングアーティストになっていきましょう。

★ TimeWaver《タイムウエイバー》

時間も空間も越えて、先の可能性が見える！
多次元量子フィールドへアクセス、新たな未来で成功していく指針を導きだします。

空間と時間を超越したヒーリングマシン「TimeWaver」は、抱えている問題に対して、瞬時に最適な指針を導き出します。タイムマシンの原理を応用し12次元レベルから見た情報を分析。肉体的なレベルだけではなく、チャクラや経絡、カルマ、DNA、遺伝的な要因など広い範囲にわたる情報フィールドにアクセスし、問題の原因を見つけます。「目標に対しての戦略エネルギー」、「ご自身や周りにいる人々のマインドエネルギー」などを分析し、最も効率よく最大限の成功へと導く道標を示し、さらに時空からその成功をサポート。すごい時代になりました！

初回 60分／35,000円　　2回目以降 60分／25,000円

ご来店

事前にご自身がお一人で写っている顔写真の画像と、生年月日などのデータをお送りいただきます。特に体に何かつける、横になるなどはなく、オペレーターと画面を見ながらセッションを進めていきます。

遠隔セッション

TimeWaver がアクセスするのは、量子フィールド。お一人で写っているご自身の顔写真と生年月日などの情報があれば、アプリや、お電話などでの遠隔セッションが可能です。プライベートなお話のできる静かな場所で、椅子などにゆっくり座りながらお受けください。

★植物の高波動エネルギー《ブルーライト》

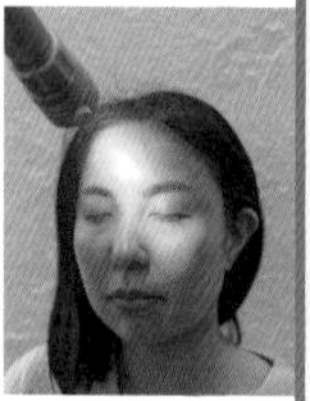

高波動の植物の抽出液を通したライトを頭頂部などに照射。抽出液は13種類、身体に良いもの、感情面に良いもの、若返り、美顔……など用途に合わせてお選びいただけます。より健康になりたい方、心身の周波数や振動数を上げたい方にピッタリ！

A．健康コース　7か所　10〜15分／3,000円
B．メンタルコース　7か所　10〜15分／3,000円
C．健康＋メンタルコース　15〜20分／5,000円
D．ナノライト（ブルーライト）使い放題コース　30分／10,000円

★ソマチッド《見てみたい》コース

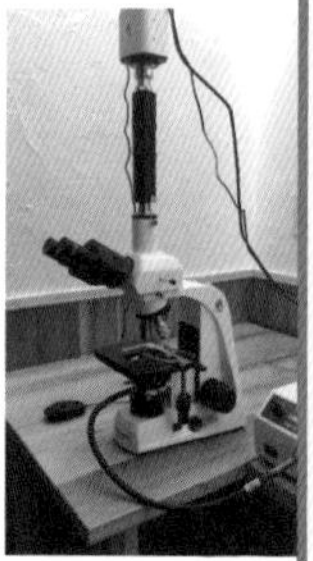

あなたの中で天の川のごとく光り輝く「ソマチッド」を暗視野顕微鏡を使って最高クオリティの画像で見ることができます。自分という生命体の神秘をぜひ一度見てみましょう！

A．ワンみらくる　1回／1,500円（5,000円以上の波動機器セラピーをご利用の方のみ）
B．ツーみらくる（ソマチッドの様子を、施術前後で比較できます）2回／3,000円（5,000円以上の波動機器セラピーをご利用の方のみ）
C．とにかくソマチッド　1回／3,000円（ソマチッド観察のみ、波動機器セラピーなし）

★脳活性《ブレインオン》

聞き流すだけで脳の活動が活性化し、あらゆる脳トラブルの予防・回避が期待できます。集中力アップやストレス解消、リラックス効果も抜群。緊張した脳がほぐれる感覚があるので、AWG との併用がおすすめです！

30分／2,000円
脳力解放「ブレインオン」AWG 併用コース
60分／10,000円

★激痛！ デバイス《ドルフィン》

長年の気になる痛み、手放せない身体の不調…たったひとつの古傷が気のエネルギーの流れを阻害しているせいかもしれません。他とは全く違うアプローチで身体に氣を流すことにより、体調は一気に復活しますが、痛いです！！！

A．エネルギー修復コース 60分／15,000円
B．体験コース 30分／5,000円

★量子スキャン&量子セラピー《メタトロン》

あなたのカラダの中をDNAレベルまで調査スキャニングできる
量子エントロピー理論で作られた最先端の治療器！

筋肉、骨格、内臓、血液、細胞、染色体など——あなたの優良部位、不調部位がパソコン画面にカラーで6段階表示され、ひと目でわかります。セラピー波動を不調部位にかけることで、その場での修復が可能！
宇宙飛行士のためにロシアで開発されたこのメタトロンは、すでに日本でも進歩的な医師80人以上が診断と治癒のために導入しています。
A.B.ともに「セラピー」「あなたに合う／合わない食べ物・鉱石アドバイス」「あなただけの波動転写水」付き

A.「量子スキャンコース」　60分／10,000円
あなたのカラダをスキャンして今の健康状態をバッチリ6段階表示。気になる数か所へのミニ量子セラピー付き。
B.「量子セラピーコース」
120分／20,000円
あなたのカラダをスキャン後、全自動で全身の量子セラピーを行います。60分コースと違い、のんびりとリクライニングチェアで寝たまま行います。眠ってしまってもセラピーは行われます。

★脳活性《ブレイン・パワー・トレーナー》

脳力UP &脳活性、視力向上にと定番のブレイン・パワー・トレーナーに、新メニュー、スピリチュアル能力開発コース「0.5Hz」が登場！　0.5Hzは、熟睡もしくは昏睡状態のときにしか出ないδ（デルタ）波の領域です。「高次元へアクセスできる」「松果体が進化、活性に適している」などと言われています。

Aのみ　15分／3,000円　　B～F　30分／3,000円
AWG、羊水、メタトロンのいずれか（5,000円以上）と同じ日に受ける場合は、2,000円

A.「0.5Hz」スピリチュアル能力開発コース
B.「6Hz」ひらめき、自然治癒力アップコース
C.「8Hz」地球と同化し、幸福感にひたるコース
D.「10Hz」ストレス解消コース
E.「13Hz」集中力アップコース
F.「151Hz」目の疲れスッキリコース

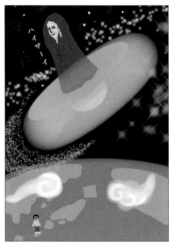

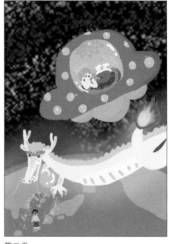